LES 52.

Paris.—Imprimerie de Plon frères, rue de Vaugirard, 36.

LES 52,

PAR

ÉMILE DE GIRARDIN.

IV.

LA NOTE DU 14 DÉCEMBRE.

PARIS,

MICHEL LÉVY FRÈRES, ÉDITEURS

DES OEUVRES COMPLÈTES D'ÉMILE DE GIRARDIN,

Rue Vivienne, 1.

1849.

INTRODUCTION.

*Qu'est-ce donc que **M.** de Girardin?*

M. de Girardin est un écrivain qui, sous tous les régimes, monarchique ou républicain, respecte la loi, consulte la justice, conseille la générosité, cherche le progrès, hait la violence, repousse l'arbitraire et combat l'intimidation sous quelque nom qu'elle se montre, sous quelque prétexte qu'elle se cache, sous quelque drapeau qu'elle se range.

Est-ce un révolutionnaire sans le savoir, ou le plus roué des contre-révolutionnaires ?

Ni l'un ni l'autre.

Non, c'est tout bonnement un esprit essentiellement pacifique et progressiste, qui, *une forme de gouvernement étant donnée*, ne se demande pas si c'était la meilleure qu'on dût choisir, mais comment on pourrait la rendre aussi parfaite qu'il est en elle de le devenir.

C'est un capitaine à son bord qui se dit que moins le navire est bon et plus l'équipage doit redoubler de vigilance.

C'est une sentinelle à son poste qui n'attend pas pour avertir qu'il soit trop tard de donner le signal.

C'est un adversaire loyal et un auxiliaire sincère qui dit la vérité à tout risque ; au risque de servir ses ennemis et de déplaire à ses amis ; au risque d'être blâmé le lendemain par ceux qui le louaient la veille, ou loué trop tard par ceux qui l'avaient blâmé trop tôt; au risque enfin de déchaîner contre lui toutes les inimitiés successives et toutes les calomnies contradictoires.

Pourquoi donc M. de Girardin serait-il contre-révolutionnaire ? Pourquoi donc ne serait-il pas indépendant de toute influence, même de celle exercée par la crainte de faire oublier quelques services qu'il a peut-être rendus? Qu'a-t-il à demander à quelque gouvernement que ce soit? Qu'a-t-il à souhaiter qui vaille autant que la position où il ne relève que de sa conscience? Le pouvoir, tel qu'on l'a abaissé, a cessé d'être une élévation, il n'est plus qu'une épreuve.

M. de Girardin est ainsi : il suit une ligne; cette ligne est-elle droite? — Là est toute la question.

Lorsque, le 12 juin, M. de Lamartine insistait à la tribune de l'Assemblée nationale pour empêcher l'admission de Louis-Napoléon Bonaparte, et maintenir l'ostracisme qui le frappait, de quel côté était la *Presse?* — Elle se séparait sans hésiter de M. de Lamartine pour se ranger du côté de M. Louis Blanc, dont voici quelques-unes des paroles qui méritent d'être rappelées :

« Citoyens, c'est *comme républicain* que je viens combattre la mesure proposée contre Louis Bonaparte.

» Vous dites qu'il ne faut pas embarrasser la République par un prétendant. Je vais vous dire où serait l'embarras qu'on créerait à la République : il existerait si, par le décret qu'on vous propose, vous en veniez à irriter les sympathies que peut avoir excitées celui que vous appelez un prétendant; à donner une importance néfaste à des agitations factices peut-être, soldées peut-être, dont le mépris public fera justice. Ne grandissez pas les prétendans par l'éloignement; il nous convient de les voir de près, parce qu'alors nous les mesurerons mieux.

» ... Les gouvernemens qui tombent sont ceux qui ne croient pas à leur lendemain.

» Voulez-vous empêcher Louis Bonaparte d'arriver jamais comme président de votre République? Vous avez pour cela un moyen bien simple et sur lequel j'appelle vos méditations : vous n'avez qu'à écrire dans la Constitution que vous allez faire, ce qui serait éminemment républicain, ce qui serait le vrai gage de la solidité de la République, l'article que voici :

« Dans la République francaise, fondée le 24 février, il n'y a pas de président. »

» Un autre moyen de tuer les prétendans et leurs prétentions, c'est de faire la République assez grande, assez glorieuse, assez tutélaire du peuple pour que le peuple, en lui préférant un prétendant, ne fît pas acte de démence.

» Avoir l'air de trembler pour la République, c'est l'outrager.

» Oui, les lois d'exclusion, les lois de proscription sont des lois essentiellement *anti-républicaines*.

» Je sais bien qu'il faut qu'un gouvernement vive, mais tous les gouvernemens n'ont pas les mêmes conditions de vie et de force.

» La force du despotisme, c'est la violence; la force des monarchies constitutionnelles, c'est la corruption; la force de la République, et c'est à cause de cela que je l'adopte, c'est la justice. »

Lorsque M. Louis Blanc s'exprimait ainsi, lorsque le 26 mai il votait contre le décret qui bannissait les membres de la famille d'Orléans, décret en faveur duquel votaient MM. Cavaignac, Drouin de Lhuys, Dufaure, Duvergier de Hauranne, Léon de Maleville, Vivien, etc. (1), M. Louis Blanc abandonnait-il la cause de la République?

---

(1) MM. Odilon Barrot et Léon Faucher se sont abstenus de voter.

En mai et en juin 1848, M. de Girardin protestait contre toute loi de proscription ; l'élection du 10 décembre ne l'a pas fait changer d'opinion. Rester fidèle à ses convictions, serait-ce donc trahir ses amitiés ? — M. de Girardin ne saurait l'admettre ; aussi, les premiers conseils qu'il a donnés à l'Élu du 10 décembre ont-ils été de convertir en réalité les espérances qu'avait fait luire son manifeste aux yeux de tous les proscrits, aux yeux de tous les condamnés politiques.

D'autres que M. de Girardin peut-être, après l'élection du 10 décembre, ne se fussent occupés que d'eux et n'eussent songé qu'à élargir la brèche par laquelle on leur offrait d'entrer au pouvoir ; lui, n'a pensé qu'à l'Elu et qu'aux moyens de l'élever à la hauteur de son nom et au niveau de sa tâche.

A peine le scrutin était-il dépouillé, il n'était encore qu'imparfaitement connu, que déjà M. de Girardin faisait entendre un langage qui n'avait assurément rien de commun avec celui de l'ambition et de la servilité, ainsi qu'on en pourra juger par la lettre suivante, laquelle était jointe à la NOTE DU 14 DÉCEMBRE :

« J'ai assisté à la chute de deux dynasties et au renversement de vingt cabinets.

» En remontant des effets aux causes, cette instabilité m'a été expliquée.

» J'ai vu, j'ai dit pourquoi les pouvoirs sont tombés; je les ai avertis; ils ont fermé l'oreille à des avertissemens sincères : ils sont tombés.

» J'ai annoncé au gouvernement de 1830 sa chute ;

» J'ai annoncé à la commission exécutive sa fin ;

» J'ai annoncé au général Cavaignac sa défaite ;

» J'annonce à tout pouvoir, quels qu'en soient la forme et le nom, qui suivra les mêmes erremens, le même sort.

» C'est uniquement pour dégager ma responsabilité vis-à-vis de moi-même et conserver mon crédit sur l'esprit de mes lecteurs accoutumés à me croire, que j'ai fait ce travail, qui ne recevra de publicité que s'il ne reçoit pas d'exécution.

» Le 14 décembre 1848.

» E. DE GIRARDIN. »

NOTE REMISE LE 14 DÉCEMBRE 1848

au Président de la République.

> « La République doit être généreuse et avoir foi dans son avenir ; aussi moi qui ai connu l'exil et la captivité, j'appelle de tous mes vœux le jour où la patrie pourra, sans danger, faire cesser toutes les proscriptions et effacer les dernières traces de nos désordres civiles. »
>
> (LOUIS-NAPOLÉON BONAPARTE *à ses concitoyens.*)

> « Un vaisseau français conduit par un *noble jeune homme* est allé chercher vos cendres.... »
>
> (LOUIS-NAPOLÉON BONAPARTE *Citadelle de Ham*, 15 décembre 1840.)

> « Dites à mon fils, qu'il donne à la nation autant de liberté que je lui ai donné d'égalité. »
>
> (NAPOLÉON, *lettre au général Bertrand.*)

Deux principes rivaux sont en présence :

Le principe de l'élection populaire.

Le principe de l'hérédité monarchique.

Toutes les fautes qui nuiront au premier profiteront au second.

C'est ce qu'il importe que le président de la République n'oublie pas un seul instant.

A la hauteur où vient de le placer le suffrage universel, la prudence lui conseille toutes les mesures qui auront pour résultat de prouver que son caractère et son esprit ne sont pas au dessous d'une si haute position et d'une si grande tâche.

Toute déception serait funeste ; mais aussi toute espérance qu'il dépassera lui donnera sur les partis un immense ascendant.

A défaut de la gloire, qu'il demande son prestige à la générosité.

Qu'il ne se laisse pas circonvenir par les objections.

La médiocrité conçoit aussi difficilement la générosité que la peur a de peine à comprendre la gloire.

On commence par blâmer la générosité; on finit par l'approuver.

Les deux premières lois présentées par les ministres qu'il choisira devront être :

Premièrement, une loi d'amnistie pleine et entière accordée à tous les détenus et condamnés pour cause politique, exceptant uniquement ceux d'entre eux qui auraient encouru une condamnation pour des faits non susceptibles de cette qualification ;

Deuxièmement, une loi d'abrogation de la loi et du décret qui bannissent les deux branches de la maison de Bourbon.

Qu'il ne choisisse que des ministres qui n'hésiteront pas à prendre cet engagement ; s'ils hésitaient, ce seraient des esprits étroits à qui le passé n'aurait pas encore appris à épeler l'avenir.

C'est précisément parce que la famille de l'Empereur a été proscrite deux fois, en 1816 et en 1832, que l'héritier de son nom doit avoir hâte de montrer qu'il se propose de suivre des erremens tout différens.

Par ces deux lois, présentées le même jour, il élargit le terrain politique; il abaisse les barrières; il déconcerte les partis; il désarme les factions; il rapetisse ceux qui l'ont précédé; il déshérite ceux qui aspireraient à le remplacer; ne pas leur laisser à faire une seule bonne mesure qu'il puisse accomplir, est un moyen certain de les condamner à l'impuissance de nuire.

Le vice-amiral de Joinville est allé à Sainte-Hélène chercher les restes mortels de l'Empereur et les a pieusement rapportés en France.

Ce serait juste et bien de l'appeler à présider le conseil d'amirauté.

Le général de division d'Aumale aurait pu essayer de se défendre à Alger; il ne l'a pas tenté, et sa conduite a été admirable.

Ce serait juste et bien de lui confier de nouveau le gouvernement général de l'Algérie.

Ils accepteraient ou ils n'accepteraient pas; ce serait leur affaire et non celle du président qui les aurait spontanément nommés.

Ce n'est que par un manquement de foi qu'Abd-el-Kader est retenu captif; exécution loyale du traité, avec engagement, dans les termes les plus solennels de sa part, de ne jamais retourner en Algérie et de ne jamais porter les armes contre la France. Ce serait un exemple à donner aux peuples et aux gouvernemens ! Ce serait une protestation contre la captivité de Sainte-Hélène ! Ce serait une leçon donnée par la France à l'Angleterre !

La France, qui sait gré des grandes et nobles actions faites en son nom, la France applaudirait à tous ses actes qui seraient autant de témoignages qu'elle ne s'est pas trompée dans le choix de son président.

L'Europe, étonnée, admirerait.

Ce serait l'occasion d'écrire quatre lettres, dont l'histoire conserverait le souvenir :

Lettre au comte de Chambord ;

Lettre à Louis-Philippe ;

Lettre au vice-amiral de Joinville ;

En sortant ainsi de l'ornière des partis, l'Elu de la majorité acquerrait le droit de sommer leurs chefs de lui prêter leur concours pour remettre à flot le vaisseau de la France, si misérablement jeté à la côte par la tempête de février.

En leur parlant publiquement un langage qui aurait le cœur du peuple pour écho, aucun ne pourrait, aucun n'oserait refuser.

Il ne s'agirait plus alors que de rechercher les moyens de donner au pouvoir exécutif une constitution telle, qu'elle permît sans affaiblissement, sans tiraillemens, sans choc, sans frottemens, d'y faire entrer des hommes politiques d'opinions diverses. La nécessité de neuf ministres homogènes, qui soient tous égaux sans être rivaux, est l'un des vices les plus graves de l'appareil gouvernemental qui fonctionne depuis longtemps parmi nous, sous le nom de cabinet. Ce vice exclut les rapprochemens, les transactions, l'esprit de conciliation;

il perpétue les ressentimens et aggrave les dissentimens.

Si ce mécanisme est vicieux, s'il est usé, s'il se prête mal aux exigences impérieuses de circonstances difficiles, pourquoi ne le changerait-on pas?

Quel moment sera jamais plus propice que le moment où le pouvoir exécutif va changer à la fois de forme et de mains, va cesser d'être provisoire, va devenir définitif?

Si l'on attend que le pouvoir nouveau se soit endormi sur l'oreiller du pouvoir ancien, il sera trop tard.

Si l'on croit qu'il faudra moins de force pour essayer de sortir de l'ornière que pour éviter d'y verser, on se trompe étrangement.

L'impuissance de tous les hommes qui depuis trente années se sont succédé au pouvoir s'explique par ces deux causes :

Le morcellement de l'autorité;

La concentration du travail.

Les plus forts ont fléchi sous la pesanteur du faix; les plus laborieux ont tous été emportés par le flot des affaires courantes; il en sera ainsi jusqu'au jour où l'on aura pris le contrepied de ce qui est, où l'on aura adopté le système qui repose sur ces deux principes :

Concentrer l'autorité;

Diviser le travail.

Concentrer le pouvoir entre les mains de trois ministres secrétaires d'Etat :

Le ministre dirigeant;

Le ministre des recettes;

Le ministre des dépenses.

Diviser le travail en le partageant entre les mains d'autant de directeurs généraux qu'il est possible de composer d'unités administratives. Le nombre en fût-il de cinquante ou soixante, qu'il pourrait n'être pas trop considérable.

Unité administrative, est le nom donné à toute branche de service distincte et complete, qui, isolée, forme par elle-même un entier.

Ainsi constituée, la responsabilité a deux degrés.

Le ministre répond des directeurs généraux qu'il a choisis ;

Le directeur général répond des actes dont il a eu pleine initiative.

Le ministre est aux directeurs généraux ce que le lien est au faisceau.

Régner ;

Gouverner;

Administrer.

De ces trois termes consacrés, aucun n'est retranché.

Le peuple règne ;

Les ministres gouvernent ;

Les directeurs généraux administrent.

Les directeurs généraux sont aux ministres ce que sont les colonels aux généraux.

Le général de brigade ou de division, en tournée d'inspection, n'intervient jamais dans le commandement ou l'administration d'un régiment que pour s'assurer que le commandement et l'administration du corps sont ce qu'ils doivent être.

Pareillement, le ministre n'intervient pas dans les rapports entre l'administré et le directeur général.

Le ministre peut donc donner tout son temps aux affaires du pays.

Une ligne profonde de démarcation est ainsi tracée entre l'intérêt privé et l'intérêt public.

Ce dernier seul est du domaine des ministres.

Les projets de décrets ou de réglemens, les

décisions importantes, sont délibérés en *Conseil supérieur d'administration publique.*

Les directeurs généraux composent ce conseil.

Les réunions en sont générales ou partielles, selon que l'objet de la délibération exige que tous les directeurs-généraux ou seulement quelques-uns, soient appelés à y délibérer. Chaque réunion est présidée par le ministre qui l'a convoquée, ou en son absence par le président qu'il a nommé.

Par ces discussions au sein du *Conseil supérieur d'administration publique*, les directeurs généraux s'exercent à l'art d'exposer et de défendre leurs projets et leurs actes à la tribune. Ils forment ainsi une abondante pépinière, une utile réserve pour la formation des cabinets, qui présente aujourd'hui tant de difficultés.

Les ministres, ainsi que les généraux qui commandent à des corps d'armée, ont tort lorsque personnellement ils s'exposent inconsidérément au feu du débat (1), il faut qu'ils se réservent pour les momens décisifs; ce n'est que dans les grandes circonstances et à la dernière extrémité, qu'ils doivent tout affronter pour sauver tout.

Les fonctions de directeurs-généraux, dans ce système, sont essentiellement militantes.

Ce sont les ministres du premier degré; ce sont les contre-maîtres de l'atelier gouvernemental.

Ils sont, ils doivent être largement rétribués, afin que l'état ait la faculté de choisir des hommes capables, et ne soit pas condamné à se contenter des avortons du barreau, de la littérature, de l'industrie et du commerce.

Le salaire des ministres peut être faible ou nul; sans inconvénient, parce que les fonctions ministérielles ne doivent pas être une carrière, mais un acte de dévoûment à ses idées, à ses convictions, à son pays; il n'en

(1) Voir ÉTUDES POLITIQUES, *nouvelle classification des attributions ministérielles.*

saurait être ainsi du salaire des directeurs généraux (1).

Cette nouvelle constitution du pouvoir exécutif a principalement pour objet le prompt

---

(1) Je comprendrais parfaitement que les ministres ne reçussent aucun traitement; je comprendrais parfaitement qu'ils ne reçussent que l'indemnité allouée aux représentans du peuple; je ne comprendrais pas qu'on marchandât sur les appointemens des directeurs-généraux.

Alors une dotation nationale serait la récompense des ministres qui, à leur sortie des affaires, auraient été jugés par les représentans du pays l'avoir méritée.

Les ministres seraient récompensés; ils ne seraient pas salariés !

Ou je me trompe fort, ou il y a dans le rapprochement de ces deux mots le germe d'une grande pensée démocratique, un principe de stabilité tout nouveau.

Moins on rendra désirable la possession du pouvoir, et plus on l'élèvera ainsi au-dessus de la région des ambitions, des cupidités et des vanités subalternes.

Si grande que l'on mesure la responsabilité ministérielle, elle ne sera jamais assez grande rétablissement de l'équilibre entre les recettes et les dépenses, équilibre qu'on poursuivra en vain aussi longtemps que les recettes seront représentées dans le conseil des ministres : par 1. et les dépenses........................ par 8.

Huit ministres qui *dépensent* entraîneront toujours par leur masse numérique *un* ministre qui *paie*, soit qu'il lutte dans le conseil :

1 contre 8.
2 contre 7.
3 contre 6.
4 contre 5.

---

qu'autant qu'elle parviendra à décourager la présomption et l'intrigue.

Au sein d'une société démocratique sans frein, l'exercice du pouvoir est placé entre ces deux alternatives, ou d'exiger des dévoûmens sans bornes, ou de provoquer des révolutions sans fin.

Si l'on veut mettre un terme aux révolutions, on voit donc ce qu'il y a à faire :

Ecarter du pouvoir tout ce qui le rend facile et attrayant ;

Multiplier autour de lui ce qui le rend pénible et périlleux.

Ainsi s'explique, par un vice radical dans la composition des cabinets, le chiffre chaque année croissant du budget des dépenses.

On dépense trop ; on dépense mal.

Faute d'ensemble entre les divers services publics, l'un a le superflu, l'autre manque du nécessaire. Le seul moyen de les pondérer, c'est de les réunir dans la même main.

Toutes les branches de revenus sont centralisées au ministère des finances, pourquoi n'en serait-il pas de même de toutes les branches de service?

Parce qu'il en est autrement, est-ce une raison pour qu'il doive toujours en être ainsi?

Les principes qui viennent d'être exposés étant admis, rien ne serait plus facile que de les faire passer de la théorie à l'application, ainsi qu'on va le voir.

L'article 66 de la Constitution est ainsi conçu :

« Les actes du président de la République,
» *autres que ceux par lesquels il nomme* et

» révoque les ministres, n'ont d'effet que s'ils » sont contresignés par un ministre. »

En conséquence de cet article, le président de la République nomme :

Ministre des affaires étrangères, M...

Ministre des finances, M...

Ministre de l'intérieur, exerçant *par intérim* les fonctions de ministre du commerce, des travaux publics, de l'instruction publique, de la justice, de la guerre, de la marine, M...

Le même jour, les trois ministres ci-dessus, nommés par le président de la République, présentent d'urgence à l'Assemblée nationale un projet de loi dont voici la substance :

PROJET DE LOI.

Au nom du Peuple français,

Le président de la République, etc.

Le pouvoir exécutif s'exerce ainsi qu'il va être dit :

Le nombre des ministres est réduit à trois :

Savoir :

Le ministre dirigeant ;

Le ministre des recettes ;

Le ministre des dépenses ;

Le ministre dirigeant a dans ses attributions :

La direction générale des relations extérieures ;
La direction générale de la police ;
La direction générale des télégraphes ;
La dir. générale de statistique universelle ;
La dir. générale des encouragemens publics ;
La direction générale des plaintes et des avis ;
La direction générale de la presse périodique, de la librairie et de l'imprimerie nationale.

Le ministre des recettes a dans ses attributions :

La direction générale des contributions directes ;

La direction générale des contributions indirectes ;

La direction générale de l'enregistrement, du timbre et des domaines ;

La direction générale des tabacs, sels et poudres ;

La direction générale des postes ;

La direction générale des contraventions et des amendes ;

La direction générale de la dette inscrite ;

La direction générale du mouvement des fonds ;

La direction générale des monnaies et des médailles ;

La directiou générale de la comptabilité ;

La direction générale du contentieux des finances ;

Le ministre des dépenses a dans ses attributions :

La direction générale de l'administration de la justice ;

La direction générale de l'administration de la guerre ;

La direction générale de l'administration de la marine ;

La direction générale de l'administration des cultes ;

La direction générale de l'administration de l'instruction publique ;

La direction générale de l'administration départementale et communale ;

La direction générale des établissemens de prévoyance ;

La direction générale des établissemens de répression et correction ;

La direction générale de la population, de la santé et de la salubrité publiques ;

La direction générale des travaux publics, ponts-et-chaussées et mines ;

La direction générale de l'agriculture et des forêts ;

La direction générale des manufacture et des fabriques ;

La direction générale du commerce extérieur ;

La direction générale des monumens publics et des beaux-arts.

Il y a trois sous-secrétaires-d'Etat, et trois secrétaires généraux.

Les ministres secrétaires d'Etat sont responsables des sous-secrétaires d'Etat, secrétaires généraux et directeurs généraux qu'ils ont nommés et qu'ils peuvent révoquer.

Les directeurs généraux sont responsables des actes et des choix dont ils ont l'initiative et la signature.

Les traitemens sont fixés ainsi qu'il suit :

Le ministre dirigeant		60,000 fr.
Le ministre des recettes		50,000
Le ministre des dépenses		50,000
Les sous-secrétaires d'Etat		40,000
Les secrétaires généraux		30,000
Les directeurs-généraux		20,000
Les chefs de division		10,000
Les chefs de bureau.	— 1re classe	8,000
—	— 2e classe	7,000
—	— 3e classe	6,000

Il y a un conseil supérieur d'administration

publique; ce conseil se compose des directeurs-généraux convoqués, selon les circonstances soit en assemblée générale, soit en assemblée partielle.

Il y a :

Un président du conseil supérieur de la guerre;

Un président du conseil d'amirauté;

Un président du conseil de la justice;

Un prés. du conseil de l'instruction publique;

Un prés. du conseil supérieur de l'agriculture;

Un président du conseil supérieur des manufactures et du commerce.

Ont lieu, conformément aux lois, sur la présentation de chacun de ces présidens, les nominations, promotions, avancemens, encouragemens et récompenses :

Dans l'armée;

Dans la marine;

Dans la magistrature ;

Dans l'enseignement.

Il est attribué à chacun des présidens de ces divers conseils une indemnité annuelle de 30 mille francs, à titre de frais de réceptions. Cette indemnité n'est pas soumise aux lois sur le cumul.

Ils ont entrée et voix consultative dans le conseil des ministres.

Ont également entrée et voix consultative les trois sous-secrétaires d'Etat.

Ont aussi entrée et voix consultative dans le conseil des ministres :

Le vice-président de la République ;

Le président de l'Assemblée nationale ;

Le grand-chancelier de la Légion-d'Honneur ;

Le premier président de la Cour de cassation ;

Le procureur-général près la Cour de cassation ;

Le premier président de la Cour des comptes ;

Le procureur-général près la Cour des comptes ;

Le préfet du département de la Seine ;

Le Ct-général de la garde nationale de la Seine;
Le gouverneur-général de la Banque de France.

Cette réforme administrative a les avantages suivans :

En concentrant l'autorité et en divisant le travail, elle donne au pouvoir l'unité qui lui manque et imprime à l'expédition des affaires l'impulsion sans laquelle la centralisation, au lieu de jaillir comme une source, croupit comme un marais.

Elle crée très heureusement la nécessité de démonter, d'examiner et de mettre au rebut tous les vieux ressorts rouillés par l'abus et usés par la routine.

Elle donne satisfaction à ce besoin instinctif de changement qui espère dans le nouveau rencontrer le mieux.

En même temps qu'elle simplifie l'action du mécanisme ministériel, elle entoure le pouvoir exécutif d'une représentation moins étroite ; tout ce qui occupe dans l'Etat une position supérieure, tout ce qui a qualité pour émettre un avis utile forme faisceau autour de lui et a dans le conseil voix consultative. En Angleterre, le nombre des ministres avec ou sans portefeuille varie selon les exigences des circonstances ; on ne s'y croit nullement tenu de couler tous les cabinets dans le même moule. La nécessité, l'utilité, sont les deux seules lois dont on prenne conseil.

Enfin, elle donne les moyens d'exercer sur les délibérations de l'Assemblée législative une salutaire influence, en ce qu'elle permet aux ministres, tout en se réservant, eux, pour les occasions solennelles, d'opposer toujours l'homme spécial au discoureur superficiel.

Ce n'est qu'en constituant un pouvoir dont les ressorts soient simples, que l'on constituera un pouvoir dont l'action soit forte ; ce n'est qu'en constituant un pouvoir qui soit fort que l'on constituera un pouvoir qui soit durable, un pouvoir qui ne soit pas obligé de subir le joug des exigences individuelles et de consacrer le meilleur de son temps à négocier de honteux marchés, un pouvoir qui n'ait rien à craindre des libertés les plus étendues.

Là où le pouvoir est faible, la liberté n'est jamais assez restreinte ; là où le pouvoir n'a pas de durée, la liberté n'a pas d'avenir.

La liberté a donc un grand intérêt à ce que le pouvoir soit durable est fort ; de son côté, le pouvoir a un égal intérêt à ce qu'aucune révolution ne puisse promettre plus qu'il n'a donné.

On reconnaît que le pouvoir descend de haut là où il se hâte d'arriver à ce point au-delà duquel il ne reste plus à la liberté aucune conquête à faire.

Liberté illimitée est le terme auquel il faut, par ce temps de révolutions périodiques, se presser d'arriver.

Mais la liberté illimitée, c'est l'anarchie !

Erreur profonde ! erreur fatale !

L'anarchie n'éclate en bas que lorsqu'elle existe en haut ; l'anarchie n'est dans la rue que lorsqu'elle est dans le pouvoir.

C'est là ce qu'il importe de faire comprendre aux esprits étroits qui ne manquent jamais de jeter sur les épaules de la liberté le poids des fautes du pouvoir. Pauvre liberté ! C'est toujours elle qui paye pour lui.

C'est là ce qu'il importe soi-même de bien comprendre, si l'on ne veut point se condamner à n'être que le continuateur des régimes déchus.

Les lois de septembre ont été abrogées ;

La chambre et la cour des pairs ont été abolies ;

Le jury a reçu une plus grande extension ;

Le suffrage universel, enfin, a été proclamé ;

Ce sont des difficultés nouvelles dont il sera prudent de tenir très sérieusement compte.

Toutes les libertés sont solidaires.
Toutes doivent être étendues ou restreintes dans les mêmes limites.

La liberté des croyances, la liberté de la pensée étant illimitées, la liberté de la parole, la liberté de la presse, la liberté de l'enseignement, la liberté de l'association doivent être également illimitées.

Il faut savoir faire la part à la fermentation d'un moment et ne pas s'en effrayer.

Toute liberté qui éclot ou qui s'accroît suscite un accès de fièvre inévitable, mais passager. Pour guérir la fièvre, on étouffe la liberté; pour écarter une difficulté, on prépare, on suscite une révolution; aussi ne sortons-nous jamais d'une révolution que pour tomber dans une autre.

Contre la liberté de croyance, avant qu'elle ne fût une conquête des siècles derniers, que n'a-t-on pas dit! Quelles épreuves n'a-t-elle pas eu à traverser! Eh bien! aujourd'hui ne paraîtrait-il pas à la fois dangereux et puéril de vouloir la limiter?

En faveur de la liberté de la presse, le meilleur argument à invoquer est l'impossibilité démontrée par l'expérience de faire une loi efficace de répression.

Pas de cautionnement; liberté entière de discussion, à ces seules conditions :

Droit de réponse et de rectification ;

Publicité servant de contrôle à la *polemique*.

Interdiction de l'injure et de la calomnie, passibles de dommages-intérêts considérables.

La liberté de l'enseignement a sa sauvegarde contre tout excès grave et durable dans les établissemens de l'Etat, car pour leur être préféré il faudra présenter des garanties et des avantages qu'ils n'offriraient pas. Si cela avait lieu, ce serait donc leur faute ; il serait juste qu'ils l'expiassent.

La liberté d'association n'a pas et ne doit pas avoir moins de droit que la liberté d'enseignement, que la liberté de la tribune, que la liberté de la presse, que la liberté de croyances. Le danger n'est pas dans les clubs, mais dans les sociétés secrètes ; s'il est un moyen de fermer les sociétés secrètes, c'est d'ouvrir les clubs, ou du moins de les laisser ouverts jusqu'au jour où il se fermeront d'eux-mêmes ; ce qui arriverait peut-être plus tôt qu'on ne croit.

A défaut de clubs, si on les supprime, on

aura les banquets ; à défaut des banquets, on aura les révolutions.

La liberté est le coursier qui nous emporte vers l'avenir ; sous une main pesante il se câbre ; sous une main légère il se modère de lui-même. Voyez la France et l'Angleterre ! Voyez la France et la Belgique ! — L'Angleterre et la Belgique sont plus libres sous la Monarchie que la France sous la République.

Etrange inconséquence du législateur effaré ! Il ferme, sinon entièrement, au moins à demi, les clubs, lorsque la paix est dans les esprits ; il les ouvre lorsque l'agitation y est ramenée par l'exercice du droit d'élection ; c'est-à-dire qu'il les ouvre quand il serait prudent de les fermer, et qu'il les ferme quand il serait indifférent de les ouvrir.

Ce qui cesse d'être du domaine de la liberté, ce qui est du domaine de l'ordre, c'est la rue ; aussi ne doit-on pas craindre de faire jamais une loi trop sévère contre les attroupemens ; plus cette loi sera sévère et redoutée, et moins il sera nécessaire d'y recourir souvent : la vente des journaux et des imprimés sur la voie publique doit être interdite sans exception et sous aucune forme; la défense d'afficher sur les murs doit être absolue : les candidatures, les professions de foi, les ventes d'immeubles et de meubles par autorité de justice, ou autrement, l'industrie et le commerce ont la publicité des journaux et celle des imprimés à domicile. Cette publicité est suffisante.

C'est en faisant ainsi à l'ordre et à la liberté leur juste part qu'ils se fortifieront et se garantiront réciproquement.

C'est en les unissant étroitement que le principe de l'élection populaire parviendra, espérons-le, à conquérir dans la confiance publique la place que celle-ci s'était habituée à n'accorder qu'au principe de l'hérédité monarchique.

Comment unir l'ordre avec la liberté?— En agissant de telle sorte que si la royauté pouvait revenir dans la personne de M. le comte de Chambord, ou la révolution dans la personne de M. Ledru-Rollin, ni M. Ledru-Rollin ni M. le comte de Chambord ne trouvassent rien à reprendre, rien à ajouter.

Qu'au dedans, le pouvoir soit ferme et vigilant ; que cette fermeté et cette vigilance se manifestent par la nomination des hommes les plus capables choisis dans un cercle politique élargi par la générosité ; et au dehors la politique se fera d'elle-même.

La meilleure politique extérieure est une bonne administration intérieure.

Une bonne administration intérieure est celle qui sait tout le prix du temps, qui n'en méconnaît pas la valeur, qui ne remet pas au lendemain la tâche du jour, qui utilise toutes les forces de la nation, ménage toutes les ressources du pays et élève à sa plus haute puissance le crédit de l'Etat.

Crédit ! c'est le nom du sphinx moderne.

Crédit ! c'est le mot de l'énigme sociale.

Crédit ! c'est la loi nouvelle du monde nouveau.

Crédit ! c'est le lien de solidarité des peuples entre eux.

Crédit ! c'est le cœur de ce vaste corps que fait palpiter la vapeur.

L'Etat qui possède le crédit le plus solide et le plus étendu est l'Etat qui exerce l'influence la plus réelle et la plus vaste. Qui chercherait ailleurs la force et la puissance se tromperait. Le Crédit est aux anciens modes d'envahissement ce que les chemins de fer sont aux anciens modes de locomotion.

Comment ramener, en France, le Crédit? — Par l'économie ; mais l'économie ne s'établit pas d'elle-même, et comment l'établira-t-on si l'on persiste à suivre les erremens funestes qui ont conduit à l'abîme deux dynasties, si l'on persiste à rester dans les liens qui étranglent la France entre deux révolutions : la révolution qui s'éloigne et la révolution qui se prépare.

Autour de nous, tout change, tout ce simplifie, tout se perfectionne ; seules, la politique et l'administration ne se perfectionnent pas, ne se simplifient pas, ne changent pas. Et l'on s'étonne que les gouvernemens tombent : ce qui serait étonnant, ce serait qu'immobiles quand tout est en mouvement, en retard quand tout est en progrès, ils ne tombassent pas. On croit qu'il suffit de changer les hommes sans changer les choses. Erreur! Quand on ne doit pas changer les choses, il vaut mieux ne pas changer les hommes.

Tout ce qui s'est fait depuis le 22 février est là pour l'attester.

L'illusion qui entraîne à leur perte tous les pouvoirs, tous les ministères nouveaux, c'est de croire qu'ils auront toujours assez de temps devant eux pour résoudre les questions attardées, et accomplir les améliorations promises. Illusion fatale! L'avenir ne fait crédit qu'à la solvabilité.

Or, en politique et en administration, qui n'est pas capable n'est pas solvable ; qui n'a pas d'idées n'a pas d'avenir.

L'impuissance tue le pouvoir.

LES OBJECTIONS.

24 décembre 1848.

« L'amnistie est un fruit mûr pour la République et bon à cueillir pour le président; mais les autres mesures seraient prématurées. »

A cette objection voici notre réponse :

Ce langage est exactement le même que celui que nous avons constamment entendu tenir à tous les régimes déchus. La Restauration avait banni à *perpétuité* tous les ascendans et descendans de l'empereur Napoléon. Cette rigueur a-t-elle empêché la Restauration de tomber en 1830, aux cris répétés de

Vive le duc de Reichstadt! Vive Napoléon II? La Monarchie de 1830 avait banni la branche aînée des Bourbons et continué de bannir tous les membres de la famille impériale; cette précaution l'a-t-elle sauvée? Si, au contraire, puisant sa force dans la conviction de sa nécessité, dans la droiture de ses intentions, dans l'assentiment national, la Royauté de 1830 eût noblement, grandement, royalement accepté et défié toute concurrence, toute rivalité, croit-on qu'elle eût eu moins de prestige et moins de durée? Ce n'est pas notre avis.

Le gouvernement provisoire avait donc raison, à la fin de février dernier, d'éloigner de France Louis-Napoléon Bonaparte! La *Presse*, au mois de mars dernier, avait donc tort d'insister pour que le gouvernement des Invalides et la garde du tombeau de l'Empereur fussent donnés à Jérôme Bonaparte, l'ex-roi de Westphalie, le brave général de Waterloo!

Eh bien! qu'est-ce que la République du 24 février a gagné à se faire, envers la famille de l'Empereur, plagiaire servile des actes de la Restauration de 1815 et de la Monarchie de

1830? Cela a-t-il empêché les électeurs d'élire à trois reprises et dix fois Louis-Napoléon Bonaparte pour leur représentant? Peut-être aujourd'hui, et c'est en nous une conviction profonde, ne doit-il d'avoir été élu président de la République, par cinq millions et demi de voix, qu'à son injuste éloignement ordonné par le Gouvernement provisoire, et qu'au décret spécial de bannissement présenté le 12 juin par la Commission exécutive. Le peuple s'est dit : Si Louis-Napoléon Bonaparte n'était pas redoutable, on ne le craindrait pas, et il ne serait pas redoutable s'il n'avait en lui aucune grandeur. Cela a suffi pour que l'image de Louis-Napoléon Bonaparte se gravât dans l'imagination populaire en traits ineffaçables, et que n'ont pu couvrir ni l'encre ni le crayon des plus ignobles caricatures.

En mars, en mai, en juin 1848, nous avons protesté contre tous les décrets de bannissement, soit qu'ils fussent dirigés contre les membres de la maison de Bourbon ou contre les membres de la famille impériale. Or, ce que nous avons blâmé sous un régime, nous ne l'approuvons pas sous un autre. Nous ne nous croyons pas tenus de changer de langage toutes les fois qu'il plaît à la France de changer de gouvernement.

« Mais si les deux lois qui bannissent les deux branches de la maison de Bourbon étaient abrogées, ce serait ouvrir un accès à l'intrigue des partis ! »

— Croyez-vous donc que l'intrigue des partis sera moins libre, moins active, parce que la branche aînée des Bourbons sera en Allemagne et la branche cadette en Angleterre? Croyez-vous donc que ce serait leur absence qui nuirait à leur retour, si jamais des faits ou des circonstances le rendaient nécessaire ?

Loin de là ! Tout exil est un prestige.

Oui, cela est vrai, nous avons souvent une manière de voir qui n'est pas celle du commun, et qui commence par exciter vivement la clameur vulgaire ; mais à qui, depuis dix ans, les événemens ont-ils constamment donné raison ? Est-ce à nos contradicteurs ou à nous ? Avions-nous tort lorsque nous protestions et votions contre l'adresse qui flétrissait les visiteurs de *Belgrave-Square ?* Avions-nous tort lorsque nous insistions pour que les portes de la forteresse de Ham laissassent généreusement passer celui qui est aujourd'hui président de la République? Avions-nous tort lorsque nous appuyions de toutes nos forces la pétition présentée à la chambre des pairs et à la chambre des députés par Jérôme Bonaparte implorant comme une faveur la consolation, après trente-deux années d'exil, de venir mourir en France, sur la terre natale qu'il avait défendue contre l'invasion étrangère? Avions-nous tort, lorsque nous suppliions, en février dernier, un ministère aveuglé par l'optimisme, de ne pas poser un imprudent défi sur une question de légalité douteuse, sur la question du droit de réunion? Avions-nous tort, enfin, lorsque nous conseillions au gouvernement issu des barricades de ne pas blesser par une odieuse proscription ce sentiment de justice si facile à soulever dans le cœur du peuple? Le peuple est essentiellement juste, essentiellement généreux. Par la justice on le retient, par la générosité on l'aiguillonne; ce sont deux actions qu'il a besoin de sentir constamment. Malheur à qui ne le sait pas, malheur surtout à qui affirme le contraire!

Mais lorsque nous nous exprimons ainsi, ce

n'est pas au président de la République que s'adressent nos paroles. Il a, nous le savons, les mêmes sentimens que nous ; nous avons les mêmes sentimens que lui. Il a un besoin insatiable d'être et de paraître généreux. Au nom de la prudence on l'en empêche ; au nom de la prudence on le perd ; c'est au nom de la prudence qu'on a perdu, depuis trente ans, tous les gouvernemens et tous les cabinets. Tout gouvernement nouveau qui se fait petit se fait précaire, car il n'a qu'un moyen d'échapper au tourbillon de l'intrigue, c'est de s'élever au dessus d'elle par la noblesse des sentimens et la grandeur des actes.

Amnistier les insurgés de juin sans rappeler les exilés de juillet 1830 et de février 1848, ce serait partager le passé en deux zones ; ce serait rompre l'équilibre et glisser sur une pente; ce serait tomber dans un régime bâtard qui ne serait ni la générosité, ni la prudence, qui mécontenterait les petites ames et ne satisferait pas les grandes.

Pas d'amnistie ! pas d'amnistie ! est le cri que nous entendons monter à nos oreilles. — Pourquoi donc ? — Parce que ce serait rendre des chefs et des soldats à l'insurrection. — Est-ce que la détention des citoyens Barbès, Blanqui, Raspail, Sobrier, etc., enfermés à Vincennes depuis le 15 mai, a empêché d'éclater l'insurrection du 13 juin ? — Non. — Eh bien ! quand le gouvernement prolongera leur captivité, quand il fera transporter des condamnés sans défenseurs, aux termes d'une loi rétroactive et essentiellement révolutionnaire, croit-on qu'il en sera plus fort, et n'aura t-il pas mérité de rendre, à l'égard de ses propres fautes, l'opinion plus sévère ? — Mais ceux qu'il amnistiera ne lui en sauront aucun gré. D'accord ; aussi n'est-ce pas pour eux, c'est pour lui que nous demandons que le gouvernement soit généreux ; c'est afin de défendre la situation ; c'est afin de rompre toute solidarité fatale entre le régime provisoire et le régime définitif. Quelle plus louable introduction à la fermeté et à la vigilance que la générosité et l'amnistie !

27 décembre 1848.

Le débat ouvert entre la *Liberté* et la *Presse* est un débat qu'il importe d'approfondir et de puiser, comme il importe quand on veut construire solidement de creuser la terre jusqu'à ce qu'on ait trouvé le sol ferme. Creusons donc à l'envi, car il s'agit de la durée d'une œuvre commune, la nomination de Louis Napoléon Bonaparte, à laquelle la *Presse* n'a pas moins contribué que la *Liberté*.

En principe, la *Liberté* est pour l'abrogation des lois de 1830 et de 1848, qui bannissent les deux branches de la maison de Bourbon; mais en fait la *Liberté* est pour l'ajournement de cette abrogation.

La *Liberté* persiste à déclarer qu'il y aurait de la « folie » à donner à M. le prince de Joinville le commandement de la flotte, et à

M. le duc d'Aumale le gouvernement de l'Algérie.

La *Liberté* ajoute qu'à l'égard de M. le duc de Bordeaux, toute générosité serait une ironie, attendu que le principe de la royauté héréditaire s'oppose à ce que son représentant profite de la clémence d'un gouvernement républicain. L'accepter, ce serait abdiquer.

La *Liberté* nous permettra de le lui dire, nous ne trouvons pas sérieuses ses objections à cette partie de la NOTE DU 14 DÉCEMBRE.

Qu'est-ce qu'avait cherché l'auteur de cette note? il avait cherché comment le banni de 1815 et de 1832, comment le prisonnier de Ham, élu président de la République française, pourrait s'entourer d'un prestige qui empêchât son avénement de ressembler à un simple changement de cabinet, qui donnât du relief à son caractère, de la noblesse à son passé, de la grandeur à son avenir ?

Sans doute c'est un avantage précieux que l'héritage d'un nom glorieux; mais encore faut-il que les actes répondent aux espérances qu'il fait naître. Une étincelle suffit pour allumer l'enthousiasme, mais pour l'entretenir et l'empêcher de s'éteindre, il lui faut un aliment.

Cet aliment, quel sera-t-il ?

A défaut des victoires de Lodi, d'Arcole, de Rivoli, de Marengo, nous avions pensé qu'il fallait élever la générosité à la hauteur de la gloire, qu'il fallait ne pas craindre de pousser la magnanimité jusqu'à l'audace; que cinq millions et demi de suffrages étaient une base assez large pour y asseoir un édifice qui, si haut qu'il fût, ne serait jamais trop haut, qui fît paraître petits tous les monumens élevés sous le nom d'auguste clémence, par les mains d'une défiance mal déguisée. Nous l'avouons, la hardiesse de notre esprit nous a égarés; elle nous a fait tomber dans un anachronisme, nous nous sommes trompés d'hommes et d'époque; nous reconnaissons qu'il n'y a rien de plus et de mieux à faire que de ne pas sortir de l'ornière creusée par les deux régimes qui ont succédé à l'Empire et préludé à la République. Cette prudence vulgaire, en effet, leur a si bien réussi !

Mais après cet aveu qui nous contriste, nous

demanderons à la *Liberté* de vouloir bien nous expliquer comment ce qui serait imprudent en 1848 deviendrait prudent en 1849 ou 1850; comment les exilés de 1830 et de 1848 seraient moins redoutables l'année prochaine, au printemps qu'en hiver, ou en automne qu'en été?

A notre avis, plus on tardera et plus ils le deviendront ; plus on tardera et plus on donnera de temps aux faits de s'accumuler, aux illusions de se dissiper, aux rivalités de se grandir. Quand une pente conduit à un abîme, qu'est-ce qu'il y a à faire pour éviter l'abîme? Prendre la direction qui lui est opposée. Eh bien! que fait-on? Au lieu de profiter de l'expérience acquise pour faire le contraire de ce qui a été démontré périlleux, au lieu de prendre le contrepied qui sauverait, on reprend la même route fatale qui mène à la même fin toutes les présomptions.

Profonde est l'erreur de la *Liberté*, si ce journal croit que c'est dans l'intérêt de M. le vice-amiral de Joinville et de M. le lieutenant-général d'Aumale que nous avons demandé que le premier fût mis à la tête du conseil d'Amirauté, et le second rendu au gouvernement général de l'Algérie. Non ; cette pensée ne nous a été suggérée que par le désir que nous avions de montrer à l'Europe quelle force renfermait en lui le principe de l'élection universelle, puisqu'il permettait d'accomplir ce que n'avait pas osé entreprendre le principe de l'hérédité monarchique. C'est, dit-on, de la *folie !* Soit ! Eh bien ! alors indiquez donc quelque chose qui soit sensé, selon vous, et qui ne soit pas usé, quelque chose qui réponde à ce qu'on attend du président élu par l'acclamation presque unanime.

Quoi ?

Depuis quinze jours nous n'entendons que ces mots : Il faut faire du nouveau ! Il faut sortir de l'ornière ! Il faut rendre à la France son élan ! Il faut rendre au pouvoir son prestige ! Qu'on ne fasse pas ce que nous disons ; aucune objection, aucune susceptibilité de notre part; mais alors qu'on dise ce que l'on fera, ce que l'on compte faire.

L'ajournement, sous prétexte de prudence, est un mensonge auquel personne ne se laissera plus prendre. Tout le monde sait parfaitement que l'ajournement qui s'éternise n'est que l'impuissance qui se déguise.

Mais pourquoi donc les deux nominations mentionnées dans la NOTE DU 14 DÉCEMBRE auraient-elles été une folie ? En présence de l'élection du 10 décembre, en présence du suffrage universel, est-ce qu'aucune prétention est à redouter? Est-ce qu'aucune rivalité est à craindre? Si l'on se sent faible, alors que l'on se hâte de bannir le général Cavaignac, qui a été investi de la dictature, M. Ledru-Rollin, qui a proclamé la République le 24 février, M. de Lamartine qui, en avril dernier, a été élu dix fois par deux millions de voix, M. Raspail, qui a failli donner à la France une seconde édition du 24 février! etc., etc. Avec le suffrage universel, nous ne comprenons pas le juste-milieu : il faut appliquer l'ostracisme à tous les citoyens que dénoncent un grand mérite, un grand caractère, une grande situation, de grands services rendus, ou il ne faut appliquer l'ostracisme à qui que ce soit. Faire une exception à l'égard des royautés déchues, c'est faire une injure au suffrage universel, c'est paraître douter de la force qu'il donne. Quand un pont vient d'être jeté sur un fleuve, que fait-on? — On l'éprouve. — Comment? — En le chargeant beaucoup au-delà du poids qu'il est appelé à porter. Ce n'est qu'après cette épreuve décisive que s'établit la confiance, mais alors la confiance est telle que la pensée qu'il y ait à le traverser le plus léger péril ne vient à l'esprit de personne. Après le scrutin du 10 décembre, qu'y avait il à faire? — Exactement la même chose. Il y avait à soumettre à une épreuve analogue le suffrage universel. Il y avait à montrer qu'il était plus fort que le principe monarchique, lequel avait été obligé de se protéger par des lois de proscription ; il y avait à montrer qu'il était si fort, qu'il pouvait tout porter sans fléchir, qu'il pouvait défier la défiance. Plus cette épreuve, en apparence, eût été audacieuse, sans l'être en réalité, et plus elle eût été féconde en sécurité.

Ramener la sécurité par le prestige de la grandeur, tel était le but que s'était proposé la NOTE DU 14 DÉCEMBRE, en demandant trois choses :

I. L'amnistie ;

II. Le rappel des exilés ;

III. Les nominations du vice-amiral de Joinville et du général de division d'Aumale.

De telles mesures, nous le savons, s'exécutent et ne se discutent point. L'héroïsme se révèle et ne s'enseigne pas.

Nous allons traduire notre pensée par un exemple. Un brave général est nommé commandant d'une école militaire. Un jour de révolte, il entend siffler à ses oreilles une balle à son adresse. Au lieu de donner l'ordre de visiter immédiatement tous les fusils pour découvrir le coupable, il donne l'ordre de les décharger tous sur-le-champ, afin qu'on ne puisse jamais savoir qui a tiré sur lui. Ce trait d'héroïsme lui ramène toute l'école et lui conquiert tous les cœurs. Sans doute un pareil trait est admirable, et mérite d'être cité; mais aurait-on pu mettre dans une instruction ministérielle : « Si l'un de vos élèves, dans un » moment d'égarement, tire sur vous, au lieu » de le faire arrêter, vous ferez en sorte qu'il » échappe à la punition de son crime ? » Assurément non. Une telle instruction encourrait justement le blâme le plus sévère. Qu'est-ce que cela prouve? Cela prouve que les victoires sur l'opinion se gagnent comme les victoires sur le champ de bataille, par l'éclair de l'inspiration, la rapidité de la résolution, la justesse du coup d'œil, la présence de l'esprit, la fermeté du caractère, la connaissance des hommes.

— Mais si l'on eût nommé le vice-amiral de Joinville et le général de division d'Aumale, pourquoi ne pas donner également à leurs frères des commandemens pareils ? — Si cette objection était fondée pour une famille, elle serait fondée pour toutes les familles à tous les degrés de la hiérarchie sociale. Ecartons donc cette objection qui ne mérite pas de nous arrêter. Il y avait une raison toute particulière pour que le vice-amiral de Joinville et le général de division d'Aumale fussent, de la part de la République, l'objet de ce témoignage éclatant de confiance : c'est qu'ils l'avaient mérité; oui, ils l'avaient mérité par leur admirable conduite à Alger, en refusant de faire servir à la défense d'une cause qui leur était personnelle le dévoûment de l'armée et l'enthousiasme de la population. Après un tel acte d'abnégation de la part de deux jeunes princes braves et populaires, nous ne craignons pas de dire que le décret qui les a bannis est une de ces taches qu'un pouvoir national et fort ne saurait trop tôt se hâter d'effacer. Nous n'avons plus à répondre qu'à une dernière objection, c'est celle relative à M. le duc de Bordeaux.

La *Liberté* prétend que s'il profitait de l'abrogation de la loi qui le bannit pour rentrer en France, ce retour équivaudrait à un acte d'abdication. On ne saurait donner indirectement à la NOTE DU 14 DÉCEMBRE une approbation plus formelle. Eh bien ! oui, de deux choses l'une : Ou M. le duc de Bordeaux se condamnerait lui-même à vivre loin de son pays, ou il en accepterait les lois et les institutions. Dans l'un comme dans l'autre cas, il aurait perdu le prestige de l'exil; la Royauté s'abaisserait de toute la hauteur dont la République s'élèverait.

Nous finirons par croire que les écrivains de la *Presse* sont les seuls républicains de la France.

30 décembre 1848.

La *Liberté* admet complètement nos idées ; elle les admet si complètement, qu'elle les formule ainsi en projet de loi :

« Art 1er. Les lois de 1830 et de 1848, touchant les membres des deux branches de la famille des Bourbons, sont abolies.

» Art. 2. La présente loi recevra son plein et entier effet à partir du 27 juillet 1849. »

On ne peut pas remporter sur ses adversaires une victoire plus complète ! Contre la date du 27 juillet, notre seule objection est celle-ci : c'est que cette date est une précaution absolument inutile. Qu'est-ce que le suffrage universel ? C'est et ce doit être le régime de la concurrence s'élevant jusqu'au gouvernement de l'Etat. Il ne faut jamais fausser un ressort ; le fausser, c'est l'affaiblir, c'est l'exposer à se rompre. Si le suffrage universel est le régime de la concurrence, étendu au gouvernement de l'Etat, aucun Français ne saurait être frappé de prohibition, sans qu'il en résulte une sorte de privilége créé en faveur des Français que n'atteint pas cette prohibition. Bannir le général de division d'Aumale et ne pas bannir le général de division Cavaignac, c'est porter atteinte au principe de la souveraineté populaire, c'est restreindre la liberté électorale, c'est rompre l'équilibre politique, c'est fausser le ressort social, c'est employer des balances sans justesse et sans précision. Pourquoi admettre le général Cavaignac et bannir le général d'Aumale ? (Nous n'opposons ici ces deux noms l'un à l'autre, que pour rendre notre pensée plus facilement saisissable.) De quel droit ? En vertu de quel principe ? Qui prouve que la présence du général Cavaignac, dans une circonstance donnée, n'offrira pas infiniment plus d'inconvéniens, plus de périls, que le retour du général d'Aumale ? Eh bien ! parce qu'il pourrait arriver que le Dictateur donnât des craintes à l'Élu du 10 décembre, faut-il bannir de France le général Cavaignac? Non; il ne faut bannir personne. Toutes les lois de bannissement, toutes les lois de proscription, sont des lois essentiellement révolutionnaires; à ce titre seul, elles nous auront toujours systématiquement contre elles. Ce sont de mauvaises lois, qui ne sont bonnes qu'à protéger l'imprévoyance, la faiblesse, l'incapacité. Dès que le principe de l'hérédité monarchique est aboli, le pouvoir appartient à celui qui donne le plus de garanties aux intérêts généraux de la société et du pays; soyez celui-là et vous n'aurez rien à redouter de la concurrence. Vous aurez d'autant moins à la craindre qu'elle sera plus étendue, que rien n'entravera son essor, que rien ne dérangera ses contrepoids naturels. Deux forces égales se neutralisent par la rivalité. Supprimez l'une, c'est développer l'autre. Il y faut prendre garde. A notre avis, le président de la République aurait tout à gagner à l'abrogation immédiate des lois de bannissement, dont l'existence est une atteinte à la toute puissance et un outrage à la légitimité du suffrage universel. Abroger les lois de 1830 et de 1848, qui bannissent les deux branches de la maison de Bourbon, c'est abolir l'intrigue, c'est émanciper la politique. La France, dans sa prévoyance, a le droit d'exiger qu'aucune carte, ni as ni sept, ne lui soit retirée de son jeu. Ce n'est qu'à cette condition qu'elle sera gouvernée par les plus forts et les plus capables ; ce n'est qu'à cette condition qu'elle échappera enfin aux serviles et aux impuissans qui la perdent !

LA JUSTICE ET LA POLITIQUE.

4 avril 1849.

La conscience du juré, celle des magistrats sont des sanctuaires où nul n'a le droit de s'introduire, car essayer même d'y pénétrer, c'est porter atteinte à l'inviolabilité de la première des libertés de l'homme : la liberté de conscience.

Le juré n'a qu'un juge, le juge n'a qu'un juré, c'est Dieu !

Nous n'avons donc pas dit un mot, un seul qui fût, ni directement, ni indirectement, soit une improbation, soit une adhésion à divers arrêts qui ont été rendus depuis la formation du nouvean cabinet.

Si l'administration de la justice est défectueuse, que la législation l'améliore, mais que cette administration soit changée ou maintenue, respect à la justice, à la justice qui, ne l'oublions jamais, a fait le faible l'égal du fort !

Mais si notre devoir est de nous taire quand la justice a parlé, notre devoir est de parler quand la politique a besoin d'être avertie.

Avant le scrutin de la présidence, nous étions au fond d'un abîme; aujourd'hui, nous sommes au sommet d'un pic; le péril est différent, mais il n'est pas moindre.

Ce que l'élection du 10 décembre avait si miraculeusement fait, le ministère du 20 décembre l'a inconsidérément défait.

C'est nous qui aurons eu tort, et c'est le ministère qui aura eu raison, s'il réussit dans l'accomplissement de l'œuvre qui a vu successivement échouer tous les ministres de deux régimes et de trois règnes; s'il réussit à restreindre l'exercice de la liberté sans surexciter le sentiment de l'honneur; s'il réussit, enfin, à donner au pouvoir de la stabilité, s'il y réussit sans idées, sans initiative, sans éclat, sans prestige!

Mais il faut que le ministère le sache bien; il est condamné au succès.

Il y est condamné, car la partie qu'il joue est une revanche où nos têtes forment l'enjeu.

C'est lui qui tient les cartes, mais c'est nous qui, cette fois encore, paierons, car, au jour de péril, on sait comme se sauvent les tardifs sauveurs de la société; on sait qui reste, on sait qui s'enfuit; on sait qui se montre, on sait qui se cache; on sait qui parle, on sait qui se tait!

Tendre la corde lorsqu'il aurait fallu la lâcher, la tendre jusqu'à ce qu'elle se rompe, telle est la faute dans laquelle, au mépris de l'expérience la plus opiniâtre, retombent tous les pouvoirs, tous les ministres qui se succèdent; telle est la faute que le ministère du 20 décembre devait s'appliquer à éviter. L'amnistie lui en offrait le moyen ; il l'a repoussée.

L'amnistie était une simplification, il l'a écartée.

L'amnistie était un voile qui, s'il eût couvert des actes punissables, eût couvert aussi des faiblesses honteuses, qu'à défaut de la loi l'histoire flétrira.

L'amnistie faisait oublier que la magistrature, au lieu de mettre, le 25 février, en accusation les insurgés du 24, y avait mis les ministres du 23; elle faisait oublier encore que la magistrature, au lieu de déposer sa robe solennelle, s'en parait pour aller féliciter, à l'Hôtel-de-Ville, le gouvernement provisoire, et à la chancellerie le garde-des-sceaux qui avait porté la main sur son inamovibilité.

L'amnistie, proposée par l'ancien prisonnier de Ham, effaçait les deux tentatives de Strasbourg et de Boulogne.

L'amnistie refoulait au fond du passé tout

ce qui s'était accompli de regrettable entre le 24 février et le 10 décembre 1848.

L'amnistie était le point de départ d'une politique nouvelle.

Cette amnistie générale était la condamnation des vieux partis, la consécration du suffrage universel, l'auréole de l'Élu du 10 décembre.

C'est ainsi que nous l'avions comprise dès le 14 décembre, sans savoir encore quel cabinet serait formé.

Soit : nous avions tort; le ministère a eu raison; la magnanimité du pouvoir eût été une faiblesse; l'inexorabilité de la loi est de l'héroïsme! Oui; mais il n'est pas sans exemple que l'héroïsme ait été trahi par la victoire. Un gouvernement sage et des ministres prévoyans doivent donc toujours admettre l'hypothèse de la défaite, et prendre cette hypothèse pour boussole de leur conduite. La vue du port qui se montre ne doit jamais faire oublier la perfidie de l'écueil qui se cache. Que de fautes éviteraient les dépositaires du pouvoir, sous quelque régime que ce soit, s'ils se donnaient pour tâche de ne laisser à leurs successeurs aucunes représailles légitimes à exercer ! Si le règne du roi Louis-Philippe n'avait pas été ce qu'il a été : — constamment marqué au coin de la clémence, croit-on que la révolution du 24 février se fût bornée à passer sur Paris comme un nuage d'où la foudre gronde, mais n'éclate pas ? Si la Révolution de 1848 n'a pas été sanguinaire, c'est que la Royauté de 1830 n'avait pas été cruelle, c'est que la Royauté de 1830 avait beaucoup pardonné, et souvent amnistié ; c'est que la Révolution de 1848 ne renfermait en elle aucun principe malfaisant de réaction fondée. Mais qui sait, qui pourrait dire combien de têtes fussent tombées, si Barbès, condamné à mort, n'avait pas été épargné par l'échafaud en 1839, si le peuple, entièrement abandonné à lui-même pendant quatre mois, avait eu, plus ou moins justement, à demander au bourreau une réparation ? La modération dont la Révolution de 1848 a fait preuve, dans son triomphe, est le plus bel éloge qui pût être indirectement décerné à la Royauté de 1830, après sa chute.

Eh bien ! nous le demandons, si par une

cause ou par une autre, une nouvelle révolution avait lieu, qu'arriverait-il et comment l'arrêterait-on ?

Cette question, si simple, le ministère du 20 décembre se l'est-il posée ?

Nous la posons ; nous avons le droit de la poser.

Qu'on y réfléchisse mûrement, car il importe qu'on se garde d'avoir dans l'emploi de la force, dans l'emploi des baïonnettes, cette confiance funeste qui a coûté le trône à deux royautés, cette confiance aveugle qui fait dédaigner la raison comme importune et la prévoyance comme superflue !

SIX MOIS DE POUVOIR.

10 juin 1849.

Le président de la République n'a le pouvoir exécutif en dépôt que jusqu'au deuxième dimanche de mai 1852.

Déjà six mois, déjà 180 jours se sont écoulés, aujourd'hui 10 juin, depuis l'élection du 10 décembre 1848.

Il n'a plus devant lui que trente-cinq mois,

Le temps presse donc.

Ces trente cinq mois à échoir, si l'on n'y prend garde, si l'on ne se hâte de les employer mieux que les six mois échus, seront pleinement révolus qu'on les croira à peine entamés.

Avant trois années les élections générales auront lieu.

Il ne faut pas s'abuser : si d'ici là, une vive et judicieuse impulsion n'est pas donnée au gouvernement ; si d'ici là, de profondes réformes ne sont pas opérées ; si d'ici là, l'assiette de l'impôt demeure ce qu'elle est ; si d'ici là, le crédit n'a pas élargi ses bases ; si d'ici là, l'on persiste à croire qu'il n'y a rien de plus ni de mieux à faire sous la République du 24 février que ce qui se faisait sous la monarchie du 9 août ; le socialisme, pris dans sa plus mauvaise acception, le socialisme qui, en six mois, a déjà fait de si rapides progrès, en fera de bien plus rapides encore.

Rien n'est plus fatal au principe d'autorité que l'impuissance du pouvoir. Le bon sens du peuple, sur ce point, est inexorable ; l'ignorance fécondée par l'envie est si prompte à germer !

On a perdu trente-cinq années à discuter; on a trente-cinq mois pour agir; saura-t-on les employer?

Nous ne l'espérons pas. — Comment pourrions-nous l'espérer?

Alors que les sessions législatives ne duraient que de six mois à sept mois au plus, cinq mois d'intervalle et de liberté ne suffisaient pas aux ministres pour étudier, même imparfaitement, les questions, et préparer les projets de loi réclamés par les intérêts généraux. Maintenant que l'Assemblée est permanente, maintenant que la session dure toute l'année, sans interruption, sur quoi les ministres prendront-ils le temps de la réflexion et de la conception? Plus que jamais, à l'avenir, ce sera donc la bureaucratie qui gouvernera, la bureaucratie mal constituée, la bureaucratie sans responsabilité, sans initiative, sans idées : l'établissement républicain n'aura servi qu'à la fortifier.

On a raccourci le levier et augmenté le poids à soulever; en d'autres termes, on a diminué la force et accru l'obstacle. Voilà ce qu'on semble ignorer! Voilà ce qu'on n'ose pas s'avouer, tant la peur d'aller au fond des choses est grande! Il faut y aller cependant; il faut y aller sans retard, car le temps presse.

— Mais que faire?

Voilà six mois que déjà on aurait dû, faute d'un meilleur appareil ministériel, instituer, parallèlement au gouvernement du présent, le gouvernement de l'avenir; à côté du cabinet responsable qui expédie le courant des affaires, un conseil qui, n'ayant pas à s'occuper des détails, pût s'occuper des questions, ouvrir une enquête permanente, réunir les matériaux nécessaires, rechercher les solutions désirables, mûrir les idées justes, trier la vérité de l'erreur, admettre ce qui est applicable et écarter ce qui est chimérique.

La résistance, à elle seule, ne saurait plus suffire pour porter le poids de la société; il faut lui donner un autre pilier : la prévoyance.

Trop longtemps on a gouverné sans prévoir; ce n'est plus possible sous une Constitution aux termes de laquelle le pouvoir exécutif change de dépo itaire tous les quatre ans, aux termes de laquelle l'Assemblée législative, composée de 750 membres, est élue intégralement tous les trois ans; aux termes de laquelle le suffrage universel admet à voter dix millions d'électeurs, dont la moitié au moins ne sait pas lire les bulletins qu'elle est appelée à déposer dans l'urne du scrutin.

Le temps presse! le temps presse!

Dans trois années, au plus tard, une assemblée de révision sera appelée à statuer sur les modifications, les retranchemens, les additions à apporter à la Constitution; il faut qu'à cette époque la France sache avec précision ce qu'elle voudra, et ne soit pas, cette fois encore, surprise par le manque de temps!

PRÉSIDER.

8 janvier 1849.

Avant que le ministère du 20 décembre ait été formé, nous nous étions dit entre nous : Quel qu'il soit, bienveillance pour lui.

Bienveillance pour lui ! car, s'il est irrésolu, il ne faut pas qu'il puisse invoquer pour excuses de son irrésolution le défaut de concours, la difficulté d'avancer pour avoir été arrêté trop tôt par la défiance et l'opposition ; mauvaises excuses, sans doute, excuses usées par tous les gouvernemens impuissans, mais excuses qui trouvent toujours du crédit auprès de la multitude, d'autant plus avide d'espérances que ses espérances ont été plus souvent et plus cruellement déçues.

Bienveillance pour lui ! car s'il est capable, ce sera justice, et s'il est inhabile, le cours des événemens qui se précipiteront ne tardera pas à l'emporter.

Bienveillance pour lui ! car de quelque côté que nous portions nos pas, nous n'en saurions faire un seul sans marcher sur des ruines.

Aussi ne nous sommes-nous appliqués, depuis le 20 décembre, qu'à épaissir le voile destiné à rendre moins vive et moins redoutable la clarté de l'évidence ; qu'à assourdir le bruit des plaintes ; qu'à modérer les exigences; qu'à calmer les impatiences ; qu'à rester neutres entre tous les dissentimens, quels qu'en fussent la cause, le prétexte, l'objet.

Cette tâche nous a été facile, car nous n'avons pas pour habitude de nous arrêter aux incidens quand les événemens nous pressent.

Nous avions, il est vrai, compris autrement la composition du cabinet ; l'idée d'un ministère de transition, l'idée d'un ministère construit en raison inverse des résistances qu'il aurait à vaincre et des épreuves qu'il aurait à traverser, cette idée ne fut jamais la nôtre et n'eut jamais notre adhésion.

Avant comme après le 20 décembre, nous n'avons jamais compris la formation du cabinet que de deux manières :

Ou en réunissant dans son sein tous les hommes de tribune et d'épée en possession d'un grand renom, et en suivant alors les erremens creusés par eux ;

Ou bien en innovant hardiment, en ne craignant pas de réformer les vieux rouages et de mettre à l'essai les hommes nouveaux.

Mais, dit-on, les hommes de tribune et d'épée en possession d'un grand renom n'eussent pas accepté de faire partie d'un cabinet qui n'était pas assuré d'avoir le concours de la majorité de l'Assemblée. Objection puérile ! Est-ce que le capitaine d'un navire, lorque le vaisseau est gravement menacé par une voie d'eau, hésite, par scrupule, à requérir les passagers de prendre part à la manœuvre qui peut sauver l'équipage ? Est-ce que les habitans d'un quartier au milieu duquel éclate un incendie sont admis à se souvenir de leurs dissentimens, de leurs rivalités, de leurs querelles, pour s'en faire un motif qui les dispense de concourir à former la chaîne qui doit arrêter les progrès du feu? Non, assurément, non. Eh bien! donc, il n'y avait qu'à constater solennellement la grandeur du péril pour y puiser la force de créer un *Ministère de salut public*, dont les membres eussent appris chacun leur nomination par le *Moniteur* du 20 décembre.

Aucun d'eux, en lisant l'exposé des motifs de l'arrêté de nomination, n'eût osé refuser, par la crainte que ce refus n'imprimât à son nom une flétrissure, par la crainte que le pays n'y ajoutât l'épithète de lâche ou de traître. Mais le contraire de ce que nous affirmons fût-il arrivé, aucun d'eux n'eût-il voulu accepter, que de ce ce refus authentique naissait le droit suprême de briser le vieux moule des vieux cabinets pour couler un moule entièrement nouveau. C'eût été faire, non pas de nécessité vertu, mais d'innovation nécessité; or, c'était de toutes les conditions la meilleure, car la routine et la pusillanimité, qui trop souvent s'intitulent expérience et prudence, eussent eu la bouche close.

Notre avis était qu'on choisît entre un ***Ministère de Prestige*** ou un ***Ministère d'Innovation;*** mais Innovation et Prestige ont été tenus également à l'écart. Si, de notre part, le regret a été profond, du moins, on en conviendra, le dépit n'a pas été amer, car il n'a laissé échapper aucune plainte, aucune critique.

Prévoir ce qui est arrivé était facile! Plus le cabinet serait faible dans sa composition, plus il serait en proie à la préoccupation de voiler sa faiblesse sous les dehors de la résistance. Plus le cabinet serait faible, et plus le président de la République donnerait accès en lui à la crainte de voir inconsidérément engagée sa responsabilité personnelle! Plus le cabinet serait faible dans sa composition, et plus il élargirait le passage aux causes de dissentimens, de défiances ou de récriminations. La retraite de deux ministres, huit jours après la formation du cabinet, ne nous a donc nullement surpris, et nous a trouvé si indifférens, que nous n'avons même pas pris la peine de nous enquérir qui avait tort, qui avait raison? A quoi bon? Nous avons laissé M. Léon Faucher, ministre de l'intérieur, soutenir à la même tribune et dans la même séance juste la doctrine contraire de celle que venait de soutenir M. Odilon Barrot, président du conseil et ministre de la justice. La contradiction était manifeste, nous ne l'avons pas relevée. A quoi eût servi de la relever?

La question, la vraie question, la question haute et profonde est celle de savoir si un président élu pour quatre ans possède des droits plus étendus qu'un souverain constitutionnel, parce que le premier est responsable, tandis que le second ne l'est pas? A cet égard, nous n'avons attendu, pour faire connaître notre opinion, ni le vote de la Constitution, ni l'élection du 10 décembre. Ce que nous pensions en juin et en octobre derniers, nous le pensons toujours. Nous ne nous payons pas de mots creux et de textes inapplicables; nous n'accordons pas plus d'importance à l'argument tiré de la responsabilité du président élu, que nous n'accordons de confiance à la fiction de l'inviolabilité du roi, consacrée par les chartes de 1815 et de 1830.

De deux choses l'une :

Ou le président de la République voudra *gouverner*, ou il préférera se renfermer dans le rôle que nous définissons par ce mot : *présider.*

S'il veut gouverner, tous les ministres qu'il nommera ne seront, en réalité, et par la force des choses, que des commis, rien de plus ; commis révocables au gré du président de la République, car il en est responsable devant la souveraineté nationale. Gouverner est le droit du président de la République, droit incontestable, droit écrit en termes formels dans les articles 43 et 47 de la Constitution : c'est son *droit*, mais est-ce son *intérêt* ? A cette question, nous n'hésitons pas à répondre que si le président de la République consulte son *intérêt*, il n'exercera pas son *droit* ?

Veiller à ce qu'un ministre ambitieux n'abuse pas d'un pouvoir fortement centralisé, pour assurer par la force le succès d'un coup d'Etat ou tenter par la corruption un changement de gouvernement ; conserver intact en ses mains le dépôt de la Constitution ; empêcher qu'aucune complication ne vienne arrêter le jeu régulier de l'appareil nommé majorité; prévenir ainsi les pertes de temps, les explosions, les effractions : telle est la limite dans laquelle le président de la République s'arrêtera de lui-même, s'il laisse à son intérêt le soin de la marquer.

Nous avons prévu l'objection qu'on ne manquera pas de nous faire : on va nous dire : un tel rôle est un rôle passif, auquel ne saurait se condamner volontairement l'activité d'un président élu par cinq millions et demi de suffrages, et qui a le sentiment de sa valeur.

L'objection, hâtons-nous de le déclarer, a plus d'apparence que de réalité.

Est-ce que dans une machine à feu, la soupape qui sert à préserver la vie des hommes, à rendre plus rares les risques d'accidens, ne remplit pas une fonction essentielle, bien que cette fonction ne soit pas la même que celle du générateur eu contact avec la flamme?

Nous maintenons donc l'expression dont nous nous sommes servi : le président de la République préside et ne gouverne pas.

Ainsi le veut la force des choses; ainsi le veut l'engrenage de deux roues inégales, dont l'une, le Président de la République, a quatre années pour décrire son mouvement de rotation; dont l'autre, le ministère, est obligé de tourner au gré d'une majorité souveraine.

Présider et ne pas gouverner, est l'unique moyen que possède le Président de la République de ne ne pas s'exposer au choc des majorités; aux échecs du scrutin, aux périls de batailles dont il aurait le risque sans avoir l'honneur, puisqu'il ne combat pas en personne à la tribune.

S'il impose ses idées à ses ministres, et que ses idées reçoivent un échec à la tribune, c'est lui qui le reçoit en réalité, c'est lui qui s'amoindrit, c'est lui qui s'affaiblit? Si, au contraire, il borne son rôle à empêcher que jamais le ressort de la majorité soit faussé, ni dans le pays, ni dans l'Assemblée législative, il accomplit sa fonction sans engager sa responsabibité. Sa fonction est celle de dépositaire de la Constitution. Il ne gouverne pas, il préside.

Présider et ne pas gouverner est l'unique

moyen que possède le président de la République de tirer d'une mauvaise Constitution un bon gouvernement; car autrement, comment les idées se feraient-elles jour? Comment le système que la majorité aura condamné disparaîtra-t-il pour faire place au système opposé que la tribune aura fait triompher? Comment, enfin, le chef de l'Etat pourra-t-il ne pas voir des ennemis personnels dans les vainqueurs qui, la veille, auront battu ses ministres et les auront forcés à lui apporter leur démission?

Le Président est à la majorité ce que l'axe est à la sphère, autour duquel celle-ci accomplit son mouvement.

La majorité d'une assemblée unique et souveraine est un rouage dont il n'est pas permis de ne tenir que peu de compte; aussi la NOTE DU 14 DÉCEMBRE s'est-elle très particulièrement appliquée à rendre les exigences de cette majorité à la fois moins redoutables à combattre et plus faciles à satisfaire.

Moins redoutables à combattre, en prenant soin d'opposer toujours le fonctionnaire spécial au discoureur superflu, en grossissant le nombre des directeurs-généraux, en faisant jouer aux sous-secrétaires d'Etat un rôle tout nouveau, en ménageant enfin les ministres pour les grandes et décisives occasions, comme sur un champ de bataille les maréchaux qui commandent un corps d'armée ne donnent de leur personne que dans des cas extrêmes et exceptionnels.

Plus faciles à satisfaire, en ce qu'il y aurait naturellement moins d'obstacles à composer un cabinet de trois personnes qu'à recruter neuf personnes pour en former un, et que le moyen de faire durer un pouvoir irrévocable, qu'il s'appelle roi ou qu'il s'appelle président, c'est de multiplier la série des combinaisons ministérielles.

Varier ces combinaisons, les étendre, les échelonner, surtout se garder soigneusement de les intervertir inconsidérément, est le grand art de tout pouvoir vigilant, quel que soit son nom, et qui est assujéti à compter avec une majorité.

Très vraisemblablement le roi Louis-Philippe régnerait encore s'il n'avait pas nommé M. Thiers, en 1836, président du conseil des ministres. C'est cette nomination, au moins prématurée, qui a jeté dans la gamme ministérielle une telle confusion de prétentions exclusives et de rivalités étroites, que cette confusion est devenue la pierre d'achoppement de la formation de tous les cabinets, et par suite la cause principale de la funeste durée du ministère du 29 octobre, condamné à ne pouvoir tomber qu'en entraînant dans sa chute charte et royauté.

On croit qu'on peut gouverner sans autre règle que sa volonté ou le hasard, on se trompe. Chaque forme de gouvernement a ses lois naturelles qu'on ne transgresse pas impunément, là surtout où elles puisent leur force dans ces deux principes :

Majorité et Publicité.

IRRÉVOCABLE ET RESPONSABLE.

10 janvier 1849.

Il a dépendu de l'Assemblée nationale de décréter que la République française, démocratique, une et indivisible, aurait un président élu pour quatre années, *irrévocable* et *responsable;* mais ce qui n'a pas dépendu de l'Assemblée, c'est de faire qu'un rouage superflu fût un rouage nécessaire; c'est de faire qu'une complication fût une force, c'est, en un mot, de changer la nature des choses.

Aussi, aujourd'hui, est-on très embarrassé de définir les attributions du Président de la

République, et faut-il s'ingénier à trouver des mots pour essayer tant bien que mal de spécifier une fonction sans objet, que nous sommes parvenus, non sans effort, à assimiler à la soupape d'une machine à vapeur.

La preuve que nous avions et que nous avons raison, c'est que, dès que le Président de la République a voulu faire un mouvement, il s'est heurté contre une résistance ministérielle, et d'un seul coup, le plus léger coup de plume, a renversé deux ministres. La prochaine fois, ce sera le cabinet tout entier qui tombera, et alors commenceront une crise ministérielle et la difficulté de reformer un cabinet nouveau sans courber la tête sous la nécessité de se soumettre à de hautes exigences, à moins de se condamner à employer de plates servilités.

Nier les difficultés ne sert à rien ; ce qu'il faut, c'est, ou les subir, ou les éluder, ou les vaincre.

Le Président de la République a le droit de gouverner ; ceci est incontestable ; ce n'est pas seulement son *droit*, c'est son *devoir* ; soit, mais s'il ne peut pas plus accomplir ce *de-*

voir qu'exercer ce *droit*, qu'importe que la Constitution lui ait conféré l'un et imposé l'autre!

Or, c'est ce que nous maintenons.

Partout où la Majorité est un droit qui s'exerce, la Royauté n'est plus qu'un nom qui survit.

Si cela est vrai pour la royauté héréditaire, à plus forte raison est-ce vrai pour la présidence temporaire.

En Angleterre, en Belgique, la Royauté n'a survécu qu'en s'effaçant devant la Majorité.

Royauté et Majorité sont deux principes essentiellement contraires, qui ne parviennent à vivre ensemble qu'à la condition que l'un se laisse absorber par l'autre.

On pourra faire, pour prouver le contraire de cette affirmation, les plus savantes dissertations; si savantes qu'elles soient, elles seront toujours moins concluantes que les révolutions.

Irrévocable et *responsable* sont deux expressions qui s'excluent. Il faut que le Président de la République fasse son choix entre la première ou la seconde. S'il entend avoir plus de pouvoir que n'en a conservé la royauté constitutionnelle, s'il entend pratiquer le *droit* et le *devoir* de gouverner, un choc est inévitable entre la Présidence et la Majorité, car il est certain qu'elles ne marcheront pas quatre années d'accord. L'unique moyen d'éviter ce choc, l'unique moyen de ne pas glisser sur la pente rapide des coups d'Etat, c'est donc d'accepter hautement, loyalement, sincèrement les conditions sans lesquelles la Majorité est un rouage qui, dès qu'il s'arrête, se brise ou brise tout.

A quelles conditions la Majorité peut-elle fonctionner sans effraction? — A deux seules conditions : c'est que le pouvoir irrévocable, — royauté héréditaire ou présidence élective, — se tiendra prudemment à l'écart; c'est que la responsabilité ministérielle finira toujours par céder sans jamais en appeler de la raison à la force.

Partout où la Majorité est souveraine en droit, elle est souveraine en fait. Devant elle tout autre pouvoir, si haut qu'on l'asseye, sur un trône ou sur un fauteuil, n'a finalement qu'à s'incliner.

Pourquoi le taire? La Royauté constitutionnelle n'est qu'un masque sous lequel se cache la Majorité absolue. La royauté constitutionnelle est une fiction; elle n'est pas un principe; elle est une ombre; elle n'est pas une réalité. Là où elle n'est pas un obstacle, c'est qu'elle n'est rien.

La Majorité est, dans notre temps, ce qu'était le Minotaure dans les temps fabuleux; il lui faut une pâture; enfermée dans le labyrinthe parlementaire, elle se repaît de chair ministérielle; à moins d'être Thésée, et d'entreprendre de lutter contre sa voracité, il n'est qu'un moyen d'y échapper, c'est de s'assujétir au tribut exigé; c'est de lui donner des ministres à dévorer, sous peine d'être dévoré soi-même.

Conseiller au Président de la République d'user de son droit de gouverner et d'élever ce droit à la hauteur d'un devoir, c'est pousser à sa perte le président élu par cinq millions et demi de suffrages; c'est assumer sur sa tête la responsabilité de toutes les fautes qui auront été commises et qu'il n'aura pu prévenir, que vraisemblablement même il apprendra toujours trop tard pour les réparer; c'est le vouer à l'impopularité; c'est mettre en péril sa présidence.

Nous ne craignons pas de l'annoncer et de l'affirmer, et en tenant hautement et solennellement ce langage nous croyons donner au Président de la République, à Louis-Napoléon Bonaparte, une preuve nouvelle des sentimens qui nous ont fait prendre les premiers, dans la presse, l'initiative de sa candidature.

Mais, dit-on, en créant un mandataire responsable, la France n'a-t-elle pas assez témoigné qu'elle voulait être gouvernée par l'homme de son choix? En abolissant le principe héréditaire et les *fictions constitutionnelles*, n'a-t-elle pas assez prouvé qu'elle ne voulait plus confier ses destinées au hasard de la naissance, ni à cette impalpable influence qui se cachait dans les nuages de l'inviolabilité? En s'exprimant ainsi, on oublie deux détails : on oublie que la Majorité a conservé, a étendu ses droits; on oublie que la tribune, comme sous l'Empire, n'a pas été détruite, n'a pas été condamnée au silence.

Mais admettons pour un instant l'opinion opposée à la nôtre, et pour voir si elle est juste, si elle est à l'épreuve des circonstances, citons-la au tribunal du fait. Supposons que le Président de la République ait sur une question une conviction arrêtée, et que la Majorité ait sur cette même question une conviction opposée. Qui cèdera? Le Président de la République souhaite l'amnistie, la majorité de l'Assemblée n'en veut pas entendre parler; que faire? Il n'y a d'alternative qu'entre un acte d'abnégation ou un coup d'Etat. Il en est autrement quand la nation qui élit le président, et le président qui choisit les ministres, se bornent à assister aux luttes engagées entre la majorité et le cabinet. Alors rien n'est plus simple : le président a le même rôle que la nation : il est juge du débat; si les ministres ont été vaincus, il les remplace; si les membres formant la majorité n'ont pas répondu à l'attente publique, la nation ne les réélit pas.

Si la présidence de la République n'a pas des attributions plus étendues, des pouvoirs plus élevés, encore une fois ce n'est pas la faute de notre polémique; c'est la faute de la nature des choses. Nous ne pouvons que répéter aujourd'hui ce que nous disions le 23 octobre 1848, le soir du jour où l'Assemblée nationale avait voté la Constitution :

« *Au lieu d'un président révocable et res-*
» *ponsable, qu'a-t-on fait ?*

» *Un roi temporaire, une royauté de troi-*
» *sième degré.*

» *Ce qu'une telle royauté durera, on le*
» *verra !* »

Ce qui était vrai le 23 octobre 1848, n'a pas cessé de l'être le 10 janvier 1849, et le sera aussi longtemps que nous aurons un président *irrévocable* et *responsable*, élu par la Nation et dépendant de la Majorité.

SE ET LE.

13 janvier 1849.

Vainement s'efforce-t-on de démontrer qu'aux termes de l'article 67 de la Constitution, le président de la République ayant le droit de gouverner, l'exercice de ce droit devient pour lui un devoir!

La nature des choses s'y oppose. Le Président de la République pourra dissoudre ou briser ministères sur ministères, mais il ne *gouvernera pas*, car plus il accroîtra la difficulté de composer les cabinets, et finalement plus il se placera étroitement sous leur dépendance.

Un président *irrévocable* est un président condamné à s'abstenir de gouverner. Est *irrévocable* le président qui est élu pour un temps fixé, que la majorité de l'Assemblée législative ne peut changer par un vote, qui est *judiciairement* responsable, mais qui ne l'est pas *parlementairement.*

Au lieu du mot *irrévocable* que nous avions eu soin de souligner, on nous fait dire *inviolable.* Dans un débat sérieux et approfondi, il est loyal de ne pas mettre un mot à la place d'un autre ; c'est une observation que nous faisons en passant, sans y attacher cependant une très grande importance ; car trois révolutions : la révolution de 89, la révolution de 1830, et la révolution de 1848, sont là pour attester ce que valait l'inviolabilité importée d'Angleterre et écrite, en France, dans trois Constitutions. Le roi Louis XVI était *inviolable*, et sa tête est tombée sous les mains du bourreau ! Le roi Charles X était *inviolable*, et il est mort dans l'exil ! Le roi Louis-Philippe était *inviolable*, et il expie à Londres un crime qui ne fut pas le sien ; le crime d'une majorité servile et lâche, d'une majorité qui ne sut résister ni à la pression d'un cabinet aveugle, ni à l'intimidation d'une émeute enhardie par l'absence de toute résistance !

La Constitution de 1848 a écrit que le président de la République était *responsable*: elle eût écrit qu'il était *inviolable*, que pour nous ce serait exactement la même chose. Contre les révolutions il n'y a pas de Constitutions ! Cinq millions et demi de voix ont été données à Louis-Napoléon Bonaparte, parce que de toutes parts, dans les campagnes et dans les villes, dans les bourgs et dans les hameaux, on a espéré qu'il nous aiderait à sortir de l'abîme, à rendre à toutes les transactions arrêtées leur mouvement, au travail suspendu son activité, au crédit atteré son élan. Il faut que cette espérance ne tarde pas trop à se justifier, car déjà le découragement a chassé des esprits la patience. Or, si Louis-Napoléon Bonaparte gouverne, c'est lui qu'on rendra responsable de toutes les déceptions ; tandis qu'au contraire, s'il s'abstient hautement de gouverner, on aura la patience d'user toutes les combinaisons ministérielles praticables, et dans le nombre peut être enfin s'en trouvera-t-il une qui saura tempérer les impatiences trop vives, apaiser les souffrances trop cruelles, donner satisfaction aux exigences légitimes! Si cette combinaison n'existe pas, c'en est fait de la République, car patience, privations et misères ont leurs bornes. Un budget de dix-huit cents millions ne se prélève pas longtemps sur un pays qui chôme et qui se décourage; or, du jour où ce budget exorbitant ne pourra plus se percevoir, commenceront d'inextricables embarras, de rapides péripéties qui déjà se pressentent!

Au fait et point de phrases. On nous dit: « Vouloir faire d'un président responsable un chef inviolable, vouloir qu'il ne gouverne pas quand la loi veut qu'il gouverne, c'est tout simplement mettre son bon plaisir à la place du droit, son caprice à la place de son devoir, la Charte à la place de la Constitution, la royauté à la place de la République, la *fiction monarchique* à la place des *réalités démocratiques*..... »

Nous répondons: « Vous parlez des *réalités démocratiques*, mais la Constitution en est sortie pour entrer dans la fiction quasi-monarchique, le jour où elle a institué un *Président de la République*, élu pour quatre années, au lieu d'un *Président du conseil* gardant le pouvoir aussi longtemps que la majorité, mais perdant l'un en même temps que l'autre; venant à la tribune exposer ses idées, défendre ses actes, rallier ses amis, combattre et vaincre en personne.

Tel que la Constitution l'a fait, le Président de la République ne saurait avoir de durée qu'en s'abstenant de gouverner, qu'en se considérant comme étant un roi constitutionnel *à temps*, au lieu d'être un roi constitutionnel *à vie*, qu'en évitant soigneusement d'engager sa responsabilité, qu'en laissant les ministères s'user et en ne s'usant pas, soi. Si nous avons tort; si nous interprétons mal la Constitution, si nous nous trompons sur la nature des choses, il est bien facile de nous en convaincre; le Président de la République n'a qu'à faire comme ce personnage de l'antiquité devant lequel on niait le mouvement et qui marcha; nous nions que le Président de la République puisse gouverner. Eh bien! qu'il nous confonde, qu'il *gouverne*!

Qu'il *gouverne*, avec des ministres que la majorité de l'Assemblée pourra toujours par un vote contraindre de se retirer!

Qu'il *gouverne*, avec des ministres auxquels il sera obligé de recourir toutes les fois qu'il aura besoin de faire défendre à la tribune ses actes, ses idées, ses intentions !

Qu'il *gouverne*, avec des ministres qui, au lieu d'avoir à ***se*** défendre, auront à ***le*** défendre !

Toute la question est dans ces quatre lettres : ***se*** et ***le***.

LES COMPLICATIONS COMMENCENT.

20 mai 1849.

Ce mot est aujourd'hui dans toutes les bouches. Il exprime et résume le sentiment général.

Avions-nous tort quand, dès le lendemain du 20 décembre, nous refusions de nous associer à la guerre qu'on déclarait aveuglement à l'Assemblée nationale qui, cependant, le 24 juin, n'avait pas hésité à faire au rétablissement de l'Ordre le sacrifice de la Liberté? Avions-nous tort quand, dès le lendemain du 20 décembre, nous refusions de nous associer aux illusions qu'on fondait sur la nomination d'une Assemblée nouvelle? Avions-nous tort quand, dès le lendemain du 20 décembre, nous affirmions que si bonnes que fussent les intentions du ministère présidé par M. Odilon Barrot, ce ministère serait condamné à l'impuissance par les causes que nous avions tant de fois exposées et toujours en vain? Avions-nous tort quand, dès le lendemain du 20 décembre, nous avertissions qu'on se fourvoyait, et que s'enfoncer dans l'ornière était le moyen le plus sûr de verser dans l'abîme où trois fois déjà la royauté avait été précipitée? Avions-nous tort quand, dès le lendemain du 20 décembre, nous insistions pour qu'on ne laissât pas s'évanouir le prestige et s'évaporer la force des cinq millions et demi de suffrages donnés à Louis-Napoléon Bonaparte? Avions-nous tort quand, dès le lendemain du 20 décembre, nous prenions parti pour le Mouvement contre la Résistance, en soutenant que l'unique moyen de le diriger c'était de se mettre à sa tête au lieu de se placer en travers? Avions-nous tort quand, dès le lendemain du 20 décembre, nous invoquions en faveur de l'amnistie les paroles mêmes du Manifeste de Louis-Napoléon, celles-là dont M. Thiers n'avait pu obtenir la radiation ?

Que signifient donc les 128,000 voix données au citoyen Lagrange, l'opiniâtre partisan de l'amnistie ?

Que signifient donc le triomphe du citoyen Félix Pyat et l'échec de M. Duvergier de Hauranne dans le département du Cher, un mois après l'arrêt rendu par la haute-cour de justice de Bourges ?

Que signifie donc l'insuccès de celles des candidatures qui paraissaient devoir être accueillies avec le plus de faveur : celle du général Piat, la caution électorale de Louis-Napoléon Bonaparte en septembre dernier ; celle de MM. Mocquart, Laity, Bataille, chef du cabinet, aide-de-camp, officiers d'ordonnance, et secrétaire du président de la République ?

Que signifie donc la préférence donnée à MM. Ledru-Rollin, Félix Pyat, Théodore Bac, Boichot, sur MM. Thiers, Molé, Léon Faucher et Bugeaud ?

Que signifie donc l'écart absolu dans lequel a été laissée la liste du *National*, sur laquelle étaient inscrits les noms de MM. Arago, Bastide, Buchez, Degousée, Goudchaux, Guinard, Marrast, Senart et Clément Thomas ?

Niera-t-on la signification de ces faits ? Dira-t-on que ce sont des effets sans cause ?

Le ministère du 20 décembre n'existe plus que nominativement ; quel ministère va lui succéder ?

Pour former le nouveau cabinet, ira-t-on au devant du vœu de la majorité, ou attendra-t-on qu'il se soit exprimé par un vote ?

Sur quelle question ?

La majorité saura-t-elle ce qu'elle veut ? Voudra-t-elle, en effet, ce qu'elle paraîtra vouloir ?

Avec une majorité sans direction sincèrement avouée, sans point d'appui fermement adopté, sans but déterminé avec précision, sans confiance dans le peuple et sans foi dans l'avenir, quelle main sera assez habile pour mener de front deux pouvoirs rivaux, sinon égaux : — L'Assemblée législative et la présidence responsable ? Quelle voix sera assez puissante pour dominer le tumulte des orageuses discussions auxquelles il faut s'attendre, car l'affaiblissement, au sein de l'Assemblée législative, du parti intermédiaire qui existait dans l'Assemblée constituante, va rendre plus violent encore le choc des deux tendances contraires ?

Membre du gouvernement provisoire et ministre de l'intérieur, en avril 1848, ce n'était qu'avec peine que M. Ledru-Rollin avait réussi à se faire élire à Paris et à Mâcon ; tombé du pouvoir, un moment il est exposé à partager le coup qui a frappé son ancien collègue, M. Louis Blanc ; il s'assied à un banquet à côté de la sœur de Barbès, de Barbès, qu'il avait fait arrêter le 15 mai ; les socialistes l'inscrivent sur leurs listes, il est nommé à Paris le second, par 129,000 voix qui repoussent M. Léon Faucher ; il est nommé à Mâcon, où M. de Lamartine n'est pas élu ; il est le drapeau sous lequel un grand nombre de voix se rallient dans un grand nombre de départemens ; croit-on que toutes ces manifestations ne donneront pas à M. Ledru-Rollin une force avec laquelle il faudra bien compter? Le nier, ce serait s'abuser ; le nier, ce serait aggraver le péril et hâter la catastrophe. Plus une situation est mauvaise et plus il importe d'en sonder le fond ; car, s'il est un moyen d'échapper aux écueils, c'est de les connaître.

Les complications commencent ; fasse le ciel que ce ne soient que des complications !

LA NOUVELLE ÉDITION MINISTÉRIELLE.

3 juin 1849.

Enfin, après vingt jours de laborieux enfantement, nous avons un cabinet!

Quel cabinet?

Attendez, disait-on, attendez que l'Assemblée constituante ait cessé d'exister; attendez les élections générales, attendez l'Assemblée législative, attendez qu'on sache à quoi s'en tenir sur la majorité parlementaire, et alors, un cabinet fort et solide, un cabinet qui aura de la durée, de l'homogénéité de l'initiative, de la puissance, de l'éclat, du prestige, un cabinet qui répondra aux exigences de la situation et à l'attente du pays sera formé.

Le cabinet, tel qu'il vient d'être modifié, répond-il à l'attente publique?

Nous nous bornons à poser la question.

Quant à nous, disons-le, la composition de ce cabinet ne nous a nullement surpris, car nous n'avions jamais partagé les illusions dans le nuage desquelles se complaisent tous ces gens qui répètent inconsidérément :

« Il faut un ministère fort.

» Nous ferons un ministère fort. »

Malheureusement, doués d'un esprit d'une précision désespérante, nous ramenons tout à des nombres et à des noms.

Nous faisons de la politique comme on joue au wisth : d'abord, en assemblant et divisant les cartes par couleurs, ensuite par importance relative.

La situation étant donnée, combien y a-t-il de couleurs, c'est-à-dire de partis tranchés?

Combien de *figures*, c'est-à-dire d'hommes importans renferme chaque couleur?

Quelle couleur est atout, c'est-à-dire quelle couleur l'élection a-t-elle tournée?

Quand on sait ainsi le fort et le faible de chaque couleur, le fort et le faible de son jeu, nulle possibilité de s'abuser, nul moyen de s'imaginer qu'on a dans les mains les cartes dont on manque. On sait tout de suite à quoi s'en tenir sur les combinaisons possibles et sur les combinaisons qui ne le sont pas.

Sans doute, cela est fort prosaïque et très peu élevé; mais qu'y a-t-il de plus prosaïque que la vérité? Qu'y a-t-il de plus prosaïque, par exemple, que de n'avoir pas de faste, parce qu'on ne pourrait pas le payer? Qu'arrive-t-il cependant lorsque l'on préfère la prodigalité à l'ordre?

C'est en plongeant au fond des choses; c'est en passant les hommes en revue; c'est en interrogeant avec soin tous les cabinets sur les causes de leur impuissance ou de leur fragilité, que nous nous sommes formé la conviction, chaque jour plus affermie, que l'appareil ministériel devait être radicalement réformé et considérablement simplifié.

De cette étude, qui remonte à quinze années, est sortie cette conclusion : Réduction du nombre des ministres, de neuf à trois.

Trois ministres, c'est, en réalité, un ministre unique, mais constamment tenu en équilibre à droite et à gauche par la *Recette* et la *Dépense*; ajoutez : vigoureusement assisté par cinquante ou soixante sous-ministres ayant le titre de directeurs-généraux.

C'est l'adoption du principe de la division du travail, de ce principe fécond d'où l'industrie date tous ses progrès.

C'est la substitution de la *responsabilité effective* à la *responsabilité illusoire*, qui éteint toute initiative, arrête tout progrès et convertit la centralisation administrative en paralysie sociale.

Assez de fois nous avons insisté sur la nécessité de réformer l'appareil ministériel ; mais, au lieu de le réformer, on a trouvé plus court de nous accuser d'idée fixe et de passer outre.

Parmi les neuf membres composant le cabinet modifié, il en est assurément plus d'un dont nous honorons le caractère et dont nous estimons l'esprit ; mais, quelque valeur que puisse avoir isolément chacun de ses membres, nous sommes certains de ne pas nous avancer inconsidérément en affirmant que la nouvelle combinaison ministérielle ne sera qu'une preuve de plus à l'appui de la justesse de nos observations.

Si le ministère eût été composé ainsi :

Secrétaire d'Etat, M. Odilon Barrot;

Ministre des recettes, M. Dufaure;

Ministre des dépenses, M. Passy;

Si ce ministère eût appelé a lui, à titre de sous-ministres ou de directeurs généraux, tous les hommes éminens dans une spécialité, imposant silence aux *opinions exclusives*, ne s'attachant qu'aux *aptitudes constatées*, on eût pu se rendre compte alors de toute la différence de valeur des trois mêmes hommes, paralysés dans un système et utilisés dans l'autre.

Mais, cette fois encore, la routine l'a emporté; la routine, cette préface des révolutions!

LES COMPLICATIONS ONT COMMENCÉ.

5 juin 1849.

Le ministère ne date que d'hier, et déjà les complications ont commencé; déjà les divisions apparaissent!

Ceux qui faisaient résonner si haut ces mots : *Il faut un ministère fort!* sont ceux qui qualifient avec le plus de sévérité le ministère du 2 juin. Ils l'appellent un *ministère faible...*

Qu'eussent-ils donc appelé un ministère fort, et comment l'eussent-ils formé, s'ils eussent été chargés de le composer?

C'est ce que nous leur demandons ; c'est ce que nous serions curieux de savoir.

Point de généralités évasives, mais des noms propres nettement articulés.

Parcourez la liste des représentans réélus et non réélus, la liste des anciens députés, la liste des anciens pairs, feuilletez l'*Almanach national*, feuilletez l'*Almanach royal*, et remplissez les blancs que nous laissons à dessein:

Justice,	*MM*...........
Affaires étrangères,	....
Guerre,	....
Marine,	....
Intérieur,	....
Agriculture et commerce,	....
Travaux publics,	....
Instruction publique,	....
Finances,	....

Nous voulons vous faire la tâche facile ; nous vous disons donc : — Inscrivez les noms que vous considérerez les plus propres à former un *ministère fort*, comme si vous ne deviez rencontrer aucun refus invincible, aucune incompatibilité de prétentions, enfin, aucune pierre d'achoppement.

Allez à droite, allez à gauche, allez dans le sens que vous voudrez, soit en descendant jusqu'à M. Ledru-Rollin, soit en remontant jusqu'à M. Thiers.

A vous tous qui parlez à votre aise de composer un *ministère fort*, nous ne vous demandons qu'une seule chose : — d'écrire neuf noms qui traduisent avec précision votre pensée.

Affamés de pouvoir et d'ordre, vous ressemblez à ces passans qui s'arrêtant pleins de convoitise devant les vitres appétissantes d'un restaurateur renommé, chez lequel ils ne peuvent entrer faute d'argent, cherchent ainsi à se persuader qu'ils dînent !

De même, vous vous plaisiez à vous imaginer qu'il serait possible de former un *ministère fort*.

Illusion !

Tout ministère qui ne se résume pas dans un homme, dans une volonté, tout ministère qui sera composé de neuf membres, tout ministère qui aura besoin de délibérer sur tout sera faible, car il ne pourra prendre de grand parti sur rien ; il manquera de spontanéité, d'initiative, de décision ; il emploiera à vaincre la difficulté de se réunir et de se mettre d'accord, le temps qu'il devrait réserver à l'étude des questions, à la maturité des solutions, à la vérification des idées.

Partagez le commandement d'une armée entre neuf généraux de division; imposez-leur l'obligation de ne livrer de batailles qu'après en avoir soumis le plan à la majorité des voix, et vous nous direz combien de victoires vous aurez... perdues !

Pouvoir sans initiative, gouvernement sans durée et révolution sans fin !

De l'initiative à neuf! —Autant vaudrait demander à neuf statuaires de faire une statue qui rivalisât avec l'antique, à neuf peintres de faire un tableau qui fût un chef-d'œuvre, à neuf compositeurs de faire un opéra qui eût du succès, à neuf poètes de faire un poème qui passât à la postérité.

Neuf têtes sur un seul corps s'appelant ministère, c'est une monstruosité. Il faut une tête et deux bras: une tête qui conçoive et deux bras qui exécutent.

L'unité des recettes existe; il faut créer l'unité des dépenses.

De l'unité des dépenses naîtra forcément un système.

De la concentration de l'autorité sortirait inévitablement la division du travail, et de la division du travail la responsabilité à deux degrés, la responsabilité effective.

Tout ministère choisi en vertu de ce principe, si faible qu'il puisse être, sera plus fort que le cabinet le plus fort composé d'après le mode usité depuis 1815.

On n'a pas voulu l'essayer !

Où en est-on ?

Avec d'aussi grandes difficultés que celles résultant d'une centralisation administrative aux prises avec une Assemblée souveraine et indissoluble, en permanence pendant trente-six mois, il fallait un mécanisme ministériel réduit à la plus grande simplicité et élevé à la plus haute puissance; or le ministère Passy-Dufaure, année 1849, est moins fort que ne l'était le ministère Passy-Dufaure année 1839, composé ainsi qu'il suit :

Justice,	Teste.
Affaires étrangères,	Soult.

Marine,	Duperré.
Guerre,	Schneider.
Intérieur,	Duchâtel.
Commerce,	Cunin-Gridaine.
Travaux publics,	Dufaure.
Instruction publique,	Villemain.
Finances,	Passy.

——

Préfet de police,	Delessert.
Garde nationale,	maréchal Lobau.

Combien de temps ce ministère du 12 mai 1839 a-t il vécu ? — 294 jours.

Qu'a-t-il fait ? — On le sait. Il a donné le jour à la fameuse question d'Orient, qui fut sur le point d'allumer la guerre européenne.

A cette époque, en 1839, l'opposition extrà-constitutionnelle, extrà-dynastique, ne comptait qu'un républicain et trente deux légitimistes. Avec deux cents légitimistes environ et deux cents socialistes au moins, qui oserait prétendre que le ministère du 2 juin 1849 sera plus fort et plus durable que le ministère du 12 mai 1839 ?

Et quand ce ministère aura cessé d'exister, par qui le remplacera-t-on ? — On ne peut pas descendre, car de MM. Dufaure et Barrot à M. Ledru-Rollin, il n'y a plus de degré intermédiaire; ne pouvant pas descendre, il faudra donc monter!

Là où MM. Dufaure et Barrot auront échoué, MM. Thiers et Bugeaud réussiront-ils?

Ne seront-ils pas considérés plus que jamais comme un défi?

Tel est l'avenir qui nous est réservé; nous n'en avons pas d'autre, sous un président non rééligible et dont les fonctions expireront en mai 1852.

C'est à cette extrémité que l'ont conduit en moins de cinq mois les conseils exclusifs d'une tutelle ombrageuse, qui avait cru faire à son profit, et contre le 24 février, les élections du 13 mai!

On a appelé les complications, elles sont venues; elles ont commencé, elles ne s'arrêteront plus!

USEZ-VOUS LES UNS LES AUTRES.

5 juin 1849.

Le cabinet du 20 décembre est remis à neuf; l'Assemblée législative est toute fraîche élue : elle a le meilleur président qu'elle pût choisir ; la majorité ministérielle est considérable, et l'on prétend qu'elle est unie; si tout cet ensemble n'aboutit qu'à l'impuissance organisée, quelle conclusion en faudra-t-il tirer?

Continuera-t-on de s'en prendre aux hommes, ne finira-t-on pas par s'en prendre, une bonne fois, aux choses?

Eh bien ! nous n'hésitons pas à l'annoncer, le cabinet du 2 juin aura le même sort que tous les cabinets passés et futurs qui reposeront sur les mêmes bases, souverainement condamnées par l'observation et par l'expérience. M. Dufaure apportera indubitablement à M. Barrot un concours utile dans la discussion, mais tout ministère qui, désormais, perdra son temps à la tribune, sera un ministère promptement usé. MM. Dufaure, de Tocqueville, Lanjuinais, ne tarderont pas à en fournir de nouvelles preuves.

Il y a des alternatives impérieuses contre lesquelles on se débat vainement afin de s'y soustraire.

Ou il faut renoncer absolument à la centralisation administrative, émanciper complètement les communes, modifier profondément les rapports de la circonférence au centre;

Ou il faut réformer radicalement l'appareil ministériel.

Le régime représentatif a des conditions qui lui sont propres, et qu'on ne méconnaît pas impunément. Le régime représentatif peut fonctionner dans un pays, comme l'Angleterre, où il est appuyé sur un large système municipal, sur une puissante aristocratie, sur un clergé richement doté, où le gouvernement n'est que le gouvernail du navire; mais, en France, le gouvernement est tout : il est le gouvernail, la quille, la mâture, la voilure, l'ancre, enfin, le navire tout entier.

En Angleterre, le régime représentatif ne fait obstacle à rien; en France, il fait obstacle à tout. Voilà ce qu'on s'obstine à ne pas voir, et quand nous cherchons à rendre cela évident à tous les regards, on nous accuse de faire de l'opposition à tous les ministères.

Rien n'est plus faux, car il n'y a que nous qui expliquions l'impuissance de tous les cabinets en nous en prenant, non pas aux hommes, mais aux choses. Or, à moins de tomber dans l'inconséquence, tant qu'on ne changera pas les choses, nous ne saurions changer de langage. Nous changerions de langage que nous ne changerions pas les choses. Le jour où Galilée a rétracté à genoux, devant le tribunal de l'inquisition, sa théorie du mouvement de la terre, qualifiée d'hérésie, la terre, ce jour-là, ne s'est pas condamnée à l'immobilité, et la rétractation de Galilée n'a pas eu le pouvoir de faire d'une vérité une erreur.

Nous aurions eu beau vanter le cabinet du 20 décembre que nous ne lui aurions pas donné la force d'initiative que ne comportait pas sa constitution; nous entreprendrions aujourd'hui de soutenir le ministère, tel qu'il vient d'être remanié, que nous ne réussirions qu'à nous ensevelir sous ses ruines sans parvenir à empêcher sa chute. Vous tous que la présomption aveugle et condamne à l'impuissance, usez vous donc les uns et les autres afin que la vérité se fasse jour!

Ah! si le patriotisme le plus sincère, le plus pur, le plus exempt de toute ambition personnelle, n'inspirait pas toutes nos pensées, ne guidait pas notre plume, le sentiment que nous éprouverions, au lieu d'être celui d'une tristesse profonde, serait celui du triomphe égoïste à chaque roulement de cabinet qui vient écraser neuf ministres sous sa roue pesante.

Mais lorsque nous voyons gaspiller un temps précieux, des forces immenses, d'admirables ressources, d'incontestables talens, il nous en coûte d'avoir raison, et souvent il nous arrive de souhaiter d'avoir tort.

Notre situation est celle d'un médecin frappé par une maladie mortelle dans l'une de ses plus chères affections. Il voit le mal ; il en voit toute l'étendue; il en sonde toute la profondeur ; il voudrait s'abuser, il ne le peut pas ! Son expérience est là qui repousse l'illusion.

Situation cruelle !

Usez-vous les uns les autres ! Ces paroles semblent avoir pris dans notre évangile politique la place de celles-ci empruntées au premier des livres : *Aimez-vous lesuns les autres !*

Tristes paroles ! car l'art de ménager les hommes est le premier des préceptes de l'art de gouverner.

TABLE DES MATIÈRES.

www.ingramcontent.com/pod-product-compliance
Ingram Content Group UK Ltd.
Pitfield, Milton Keynes, MK11 3LW, UK
UKHW020320250726
13967UKWH00004B/1787

9 782011 748355